センス0からの資料作成術

世界最先端のデザイン心理学に基づく

BB STONE
デザイン心理学研究所

日比野治雄

JN240998

あさ出版

はじめに

皆さん、はじめまして。

BB STONE デザイン心理学研究所の日比野治雄と申します。

本書は、**相手によい印象を与える資料作成**（主にプレゼンを想定）**の方法をデザイン心理学の視点から解説したものです。**

デザイン心理学と言われても、皆さんには馴染みのない学問領域かもしれません。詳細は15ページで解説しますが、簡単に言えば、デザイン心理学とは科学的な実験や調査等を通して見やすい（使いやすい）デザインを追求する学問です。

例えば、皆さんは普段の生活のなかで、「何となく」や「衝動的に」といった論理的には説明の難しい理由で、洋服や家電、インテリア、その他雑貨などの商品やサービスを購入してしまったという経験はないでしょうか。

おそらくほとんどの人は「イエス」と答えるでしょう。

こうした私たちの行動の背景には無意識レベルでの判断があり、その製品やサービスのデザインが大きく関わっていることがわかっています。**デザイン心理学は、こうした人の直感や潜在意識を科学的に数値化して解き明かすことに役立てられています。**

　事実、私はデザイン心理学で得た知見に基づく方法論を活用し、多くの大企業や公的機関に対するコンサルティング業務を行ってきました。手前味噌にはなりますが、これまで携わった分野は幅広く、銀行やショールームなどにおける人に優しい照明デザインや音響デザインによる快適な空間の設計、識別性に優れた取り違え事故の起こりにくい医薬品パッケージデザインの実現などにも携わりました。さらには、旧紙幣の判別性評価プロジェクトに参画し、その成果は2024年に発行された新紙幣のデザインにも生かされているのです。

　上記のような活用事例から、デザイン心理学はプロダクトやパッケージ、UI/UX、空間開発などに有効な手段となることをご理解いただけるでしょう。そして、**私のこれまでの経験から、それ以外にも応用できることは間違いありません。そのひとつが、本書で取り上げるプレゼンテーションにおける資料作成です**（詳細は18ページ参照）。

　本書の構成は次の通りです。

> 第1章：デザインと心理学の関係性
> 第2章：資料作成における文章作成の方法
> 第3章：誰にでも見やすいレイアウトの構成方法
> 第4章：聞き手に伝わるグラフや表、写真の作り方
> 第5章：「ナッジ」と「不快」の視点から聞き手の行動を促す方法

資料の事例はいずれも**BEFORE & AFTER形式で掲載してあるため、見やすい資料デザインにブラッシュアップするための視点や方法を視覚的に理解できるはずです**。また、本書の内容はビジネスパーソンを対象に想定していますが、タイトルにもある通り「ゼロ」から解説していますので、大学生などの資料作りにも十分に役立つでしょう。

　本書に掲載した知識やテクニックは一生モノとなるはずです。**デザイン心理学の知見は人間の本質に関わるものですので、一時的な流行や思想には影響を受けない普遍性を有しているからです。**
　この機会に、ぜひ一生モノの資料作成方法を身につけてください。

BB STONE デザイン心理学研究所　日比野治雄

CONTENTS

センス0からの資料作成術

第 **1** 章

デザイン心理学を
プレゼン資料に
応用する

第 2 章

最先端の実験と法則で わかった見やすい 本文のロジック

第3章
レイアウトとカラーは
一瞬の見た目で
内臓感覚に訴える

第 **4** 章

時間をかけずに
サクサク作る
グラフと図解のルール

第 5 章
ナッジと不快のデザインで
プレゼンの
「真の目的」を果たす

編集協力　大澤美恵

デザイン心理学を
プレゼン資料に応用する

見やすい資料デザイン＝センスではない

📄 デザイン心理学で伝わる資料を作る

　ビジネスパーソンであれば、資料を作って顧客の前や自社でプレゼンテーションをする機会がある人は多いことでしょう。何日もかけて頑張って資料を準備しても、なぜか「わかりづらい」と言われてしまう。そもそも、どのように資料を作成していいのか、パソコンを前にしてもアイデアが全く浮かばない。そういう苦い経験をしたことがある人も多いのではないでしょうか。もっと言えば、皆さんのなかには「デザイン力は生まれつきのセンスによって決まる」と考える人もいるかもしれません。

　しかし、見やすい資料デザインを作るために、センスは決して必要ではありません。**なぜなら見やすい資料デザインは科学的な法則に従って作れることが証明されているからです。**

　詳しくはこれから述べていきますが、

・タイトルと本文の文字の大きさの最適な比率

・本能的に心地よい箇条書きの作り方

・科学的に適切なプレゼン資料の分量

・聞き手に不安を与えないちょっとした仕掛け

・簡単なのに聞き手に伝わる図表の作り方

といったことが明らかになっています。

　生まれ持った感覚やセンスだけに頼ることなく、上記のように誰でも判断できる法則を使って「見やすい資料デザイン」を作成することができるのです。

　そして、私の専門とする「デザイン心理学」はデザインと心理学を融合させた学問で、まさに科学的なアプローチでデザインの法則を発見し、それを社会的に活用すべく役立てています。**これまでの研究は商品パッケージや表示デザイン、空間デザイン、照明デザインといった分野に活用されており、資料デザインにも十分に応用できることがわかっています**（18ページ参照）。

　デザイン心理学を資料デザインに用いる効果は次の通りです。

> ① 伝えたいことを簡潔にまとめられる
> ② レイアウトや文章表現に工夫を凝らせる
> ③ 聞き手・読み手の行動をそっと後押しする

　デザインが苦手な人ほど資料に伝えたい内容を詰め込みがちですが、**デザイン心理学の原理・原則を学ぶことで、最小限の時間と労力で聞き手に伝わる資料を作れるようになります**（①）。忙しいビジネスパーソンにとって大きなメリットでしょう。

　また、デザイン心理学ではさまざまな法則が明らかとなっています。それを資料デザインに取り入れることで、実現できるのが②です。個人のセンスに頼ることなく、**誰もがシチュエーションや資料**

テーマに合った効果的な方法を用いることができます。特に、本書では文章作成からレイアウト、グラフや表の法則を紹介しています。

　③は「ナッジ」という考え方に基づいたメリットです。デザイン心理学はナッジを重視する学問です。「そっと背中を押す」という意味を持つナッジは、他人に強制するのではなく、こちらが意図する行動をそれとなく仕向ける理論のことを言います。

　プレゼン資料では、資料内容を伝えること自体が目的というケースは少ないでしょう。むしろ、その先には「新規プロジェクトの予算を割いてもらいたい」「自社の製品を購入してほしい」といった社内や顧客に向けた真の目的があるはずです。

　真の目的を直接訴える方法もありますが、厄介なことに、人間には他者に行動を指示されると「心理的リアクタンス」という拒否感が生まれることがわかっています。先の例で言えば、「新規プロジェクトの予算を割いてもらいたい」「自社の製品を購入してほしい」といった直接的なアプローチは逆効果になる場合もあるのです。そのため、③の「ナッジ」を使って、それとなく他人に行動を仕向けることを狙うのです。

　①～③はいずれもビジネスシーンで役立つ効果ばかりです。

　見た目に美しく、わかりやすい資料でプレゼンの目的をしっかりと達成する。デザイン心理学をプレゼン資料に用いることが、大きな効果をもたらすことを理解いただけたことでしょう。

不確かなデザインと確かな心理学を掛け合わせる

📄 エビデンスベーストデザインを重視

「そもそも、デザインと心理学はどのような関係性にあるのか」。もしかしたら、皆さんのなかにはこのように思っている人もいるかもしれません。

　具体例で紹介します。

> 　ある商社がお菓子のパッケージデザインをリニューアルするとします。
> 　リニューアルの目的は、現在のパッケージを競合他社製品よりも消費者に目立つようにすることです。このとき、リニューアル後の新デザインのパッケージが、従来よりも目立つかどうかを判断するためにはどうすればよいのでしょうか。
> 　従来のパッケージと新デザインのパッケージ案を比べて、直感的に多くの人が新デザイン案のほうが目立つと感じたとしても、確かな証拠とは言えません。個々人の感覚を数値やデータとして捉えていないからです。

デザイン心理学はこれを実証実験で検証します。上記のような例では、「ビジュアルサーチ（視覚的探索）」という方法を用いるとよいでしょう。この方法では、複数の対象のなかから特定の対象を見つけ出すまでの時間（これを心理学では"反応時間"と呼びます）を測定します。新デザインのパッケージ案のほうが従来のパッケージよりも反応時間が短かったとすれば、それは前者のほうが目立つ（＝人の目を引く）からである、ということが数値的に証明できます。

　上記は一例にすぎませんが、**心理学で用いられる実験手法を応用することによって、科学的な視点から人間にとって優れたデザインを探求する学問がデザイン心理学です。**

　なぜ心理学なのかと思われるかもしれませんが、心理学は人間のあらゆる行動を対象とする学問領域だからです。一般的に心理学は、記憶、学習、思考といった目で直接見ることのできない精神的な活動を扱うように思われています。しかし、実は目に見える行動も含めた、あらゆる人間の活動を探求対象としています。

　一方でデザインはまさに人間の行動に直結している領域ですので、心理学×デザインの組み合わせはとても親和性が高いというわけです。

　従来、デザインは科学とは相容れない感性的なものであると認識されていました。それが近年では、調査や実験などを通してエビデンスを得たデザインの重要性が理解され、「エビデンスベーストデザイン（evidence-based design：科学的根拠に基づいたデザイン）」と呼

ばれるようになっています。

　本書で述べていく内容もエビデンスベーストデザインが中心です。単に個人の卓越したセンスに依拠するのではなく、科学的に多くの人にとって有益であることが証明されたデザインを用いることで、デザインはセンスに左右されるという固定観念を越えることができます。

　皆さんのなかには「優れたデザイン」と聞くと、「自分はデザイナーではないので、優れたデザインのビジネス資料は作れそうもない」と諦めている人もいるのではないでしょうか。

　断言しましょう。

　それは間違いで、諦める必要はありません。

　本書でこれから紹介する、デザイン心理学を応用すれば、優れたデザインのビジネス資料を誰でも作れるようになります。

内臓感覚レベルで伝わる資料デザインを作る

内臓感覚＝直感レベルの反応

　私が研究するデザイン心理学では、「内臓感覚」という重要なキーワードがあります。

　内臓感覚とは、物事の良しあしを一瞬で判断する感覚特性のことです。**頭で考えるのではなく、臓器レベルで判断する。簡単に言えば、「直感」とも言い換えられます。**

　例えば、皆さんは街中で買い物をしているときに、時計、クルマ、パソコン、スマートフォンなどのデザインを見て、一目惚れした体験はないでしょうか。時計であれば時刻の精度、クルマであればエンジン出力、パソコンであればCPUの高さ……といったように、検討すべき重要な要素がたくさんあるにもかかわらず、デザインを一目見ただけで心を奪われてしまう。そのようなときに、私たちの体のなかで働いているのが内臓感覚（直感）です。

　内臓感覚の概念を提唱した、認知科学の権威として知られるアメリカ人のドナルド・A・ノーマン氏は、人間のデザインに対する認識は次の3つのレベルで処理されると説明しています。

> ①「内臓感覚（本能）レベル」……直感（本能）的に評価
> ②「行動レベル」……使いやすさなどによる評価
> ③「内省レベル」……自己の記憶なども含めた総合的評価

　かつてデザイン学では使いやすさ（＝行動レベル）が何よりも重要であると考えられていました。利便性がユーザーの満足度を左右し、それがデザインの評価に最も大きな影響を与えると考えられたからです。

　しかし、**現在ではそのような「行動レベル」よりも「内臓感覚（本能）レベル」のほうが重要であると認識されるようになってきました。**

　事実、銀行やコンビニエンスストアにあるATMの操作画面のデザインに関する研究結果によると、私たちは見た目に美しいと感じる画面デザインのほうが、そうでない画面デザインよりも使いやすいと感じる（実際の使いやすさは前者のほうが優れていても）のです。ここからわかることは、**見た目を美しくデザインすれば、人間は「使いやすい」と感じるということです**。つまり、人間は純粋な使いやすさではなく、直感的に惹かれるデザインに魅力を感じることが証明されているのです。

　では、なぜ使いやすさよりも直感が優先されるのでしょうか。

　それは、動物には行動レベルよりも内臓感覚レベルの認識が重要であるとインプットされているからです。例えば、次のシーンを想像してみてください。

　　あなたはアフリカの大地、サバンナにいるとします。

拓けた土地で前方にいるライオンがシマウマを見つけました。このとき両者は内臓感覚レベル＝直感で次の行動を取ります。

　ライオンはシマウマを「エサだ！」と脳が瞬時に判断して襲いかかり、逆に、シマウマはライオンが視界に入るやいなや「襲われる！」と瞬時に判断して逃げるでしょう。いずれも内臓感覚を働かせて瞬時に行動をするわけです。逆に言えば、内臓感覚を働かせずに頭で次の行動を考えたら、獲物を逃したり、天敵に襲われたりするリスクが一気に高まります。このように危険から身を守るために、理論（＝行動＆内省レベル）で動くのではなく、内臓感覚を最優先させる。ライオンやシマウマに限らず人間を含めた動物は、上記の仕組みを共通して持っています。

図1-1　内臓感覚が機能する瞬間（イメージ）

　生命が脅かされるというのは極端な例ですが、内臓感覚が優先されるのはデザインを評価するビジネスシーンであっても変わりありません。

　次のようなシーンを想像してみてください。

　ある社内コンペであなたの企画案が、最終審査まで残りました。最終審査では、あなたともう一人のライバルとの一騎打ちになったとします。

　このとき、何が勝敗の鍵となるでしょうか。

　もちろん企画案自体の優劣が最も重要な要素ですが、もしその企画案のレベルが同程度だったとしたらどうでしょうか。声の大きさや社内の根回しが勝敗を決するのでしょうか。

　答えは、「プレゼン資料のデザイン性」です。

　皆さんも想像してみてください。

　一見して素晴らしい資料デザインで内容もとてもわかりやすく書いてある資料と、見た目が悪いうえに内容がわかりにくい資料で説明を受けたとしたら、あなたはどちらを採用したいと思いますか。

　前者であることは明らかでしょう。内臓感覚の働きによって、最初の見た目の段階で聞き手によい印象を与えますので、内容までも素晴らしいと思われる可能性が増すのです。このように内臓感覚はポジティブなシーンでもよく機能します。

　本書ではデザイン心理学をもとに、そのなかでも「内臓感覚」に直接的にアプローチすることのできる科学的なエビデンスに基づいた手法を取り入れています。

内臓感覚にアプローチするメリットは次の通りです。

　まず、内臓感覚は生物である人間には必ず存在すると考えて間違いありません。ですから、その内臓感覚の働きを上手く扱うことができれば、誰にでも見やすい、わかりやすいと第一印象で認識されるのです。さらに、**内臓感覚レベルでもたらされた印象は人間の本能に基づいているため、時間が経っても私たちに大きな影響を及ぼします**。そのため、社内やクライアントによい印象を持ってもらうためのビジネス資料で応用する価値はとても高いです。

　第1章ではデザイン心理学と資料デザインの関係性、デザインと心理学のつながり、内臓感覚レベルでのアプローチの重要性を述べました。第2章からは実際のビジネスシーンを想定したプレゼン資料作りのノウハウをデザイン心理学の観点から解説していきます。科学的根拠に基づいたデザインで、さらに人の内臓感覚にアプローチする。さあ、その扉を開きましょう。

最先端の実験と
法則でわかった見やすい
本文のロジック

タイトルは10文字以内マジックナンバーの法則に従う

短期記憶で一度に処理できる数は7±2

　資料タイトルには、「注意を引く」「内容の要約」「興味の喚起」といった3つの役割があります。

　印象的でわかりやすいタイトルであれば、読み手の気をグッと引きつけられますし、逆に内容を的確に示していないタイトルであれば、資料の中身に興味を持って読み進めてもらえないかもしれません。資料作成をする上で、タイトルは最も重要なデザイン要素です。

　資料タイトルで読み手の内臓感覚を刺激するためには、10文字以内に収めるのがポイントです。

　アメリカ・ハーバード大学の心理学者ジョージ・A・ミラー氏は、人間の短期記憶（Short-term memory）で一度に処理できる情報の数は7±2（つまり5〜9）であることを主張しました。「マジックナンバーの法則（Miller's Law）」と呼ばれるこの主張は、人が一度に見て覚えられる上限の情報数として広く知られています。

　例えば、小石のようなものをぱっと地面に投げた場面を想像してみてください（ここでは小石の個数が情報数となります）。小石の個数が

7個前後であれば、すぐに地面に散らばった小石の個数は認識できますが、それより多くなると小石の個数を瞬時に把握することは難しくなるでしょう。ミラーはランダムな数字や英単語をどれくらいの個数だけ記憶することができるか検証する実験を行い、マジックナンバーの法則を実証しました。

　結果は、英単語だと7ワード前後（ここでは単語が情報の単位となります）が情報処理の限界だと明らかになりました。一方で、**日本語のタイトルならば10文字以内だというのが私の見解です**。

　図2-1 を見てください。
　資料のタイトルは「市場調査に基づいた弊社製品に対する顧客満足度向上のための効果的な顧客対応戦略の提案」です。ただ、これでは頭のなかにスッと内容が入ってこないのではないでしょうか。タイトルが長すぎて読む気にもならない人がいてもおかしくありません。

　そこでマジックナンバーの法則に従って、タイトルを10文字前後にギュッと縮めます。例えば、「顧客満足度向上の戦略」とすれば、ダイレクトにわかりやすい表現となって情報を端的に伝えられます。読み手にも「商品を購入した顧客の満足度を高めるための考え方や対策が記載されている資料」だと予想してもらえるでしょう。

　10文字に収めるようにするには、いくつかのポイントがあります。**ひとつ目は読み手に伝えるべきメッセージを探すことです**。
　図2-1 を単語レベルで見ていくと、市場調査／弊社製品／顧客満足度向上／顧客対応戦略／に分けられます。このなかで伝えたい

図 2-1 マジックナンバーと資料タイトル

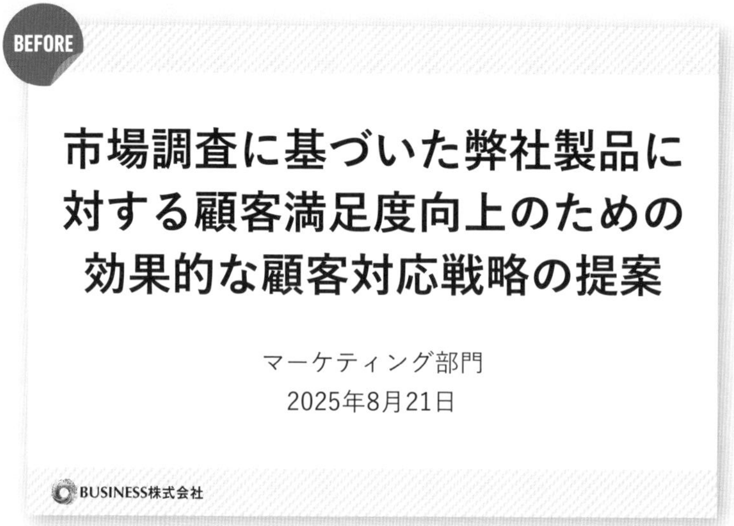

BEFORE

市場調査に基づいた弊社製品に対する顧客満足度向上のための効果的な顧客対応戦略の提案

マーケティング部門

2025年8月21日

BUSINESS株式会社

資料タイトルが長すぎてテーマを理解しづらいNG例。タイトルがわかりづらいと、プレゼン自体への興味が薄れてしまう。

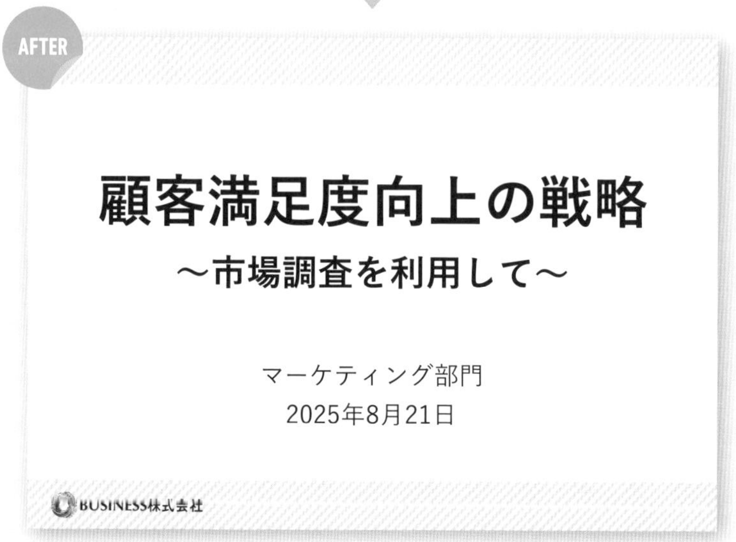

AFTER

顧客満足度向上の戦略
～市場調査を利用して～

マーケティング部門

2025年8月21日

BUSINESS株式会社

タイトルを10文字以内に収めてすっきりとした印象に。10文字以内に収まらないときはサブタイトルで補足するという手法も◎。

のはどれか。顧客対応戦略ですよね。まずはこれを中心に考えます。

　ふたつ目は言葉の言い換えです。上記では、顧客対応だとボヤっとした印象になります。どういった顧客対応か不明なためです。ですから、「顧客満足度向上戦略」とします。ただ、漢字ばかりでは文字の見た目のバランスが悪いため、「顧客満足度向上の戦略」としました。

「絶対に10文字に収めたい！」と思っても、実際には難しいケースも少なくありません。その場合はタイトルとサブタイトルに分けて、それぞれを10文字以内とするとメリハリがついてよいでしょう。事例では「市場調査を利用して」とつけることで、どういった特徴を持った資料なのかが示されています。

 ここもCHECK!

資料タイトルを10文字に収めるための3STEP

STEP① 聞き手を想定してキーワードをピックアップ

　最適なキーワードを用いるためにも、まずは思いつくままにキーワードをピックアップするのがよいでしょう。26ページのBEFOREのように最初は長い文章を考えても構いません。このときにポイントとなるのは紋切型の表現を避けることです。

　紋切型とはついつい用いてしまう常套句のようなフレーズを指します。例えば、「最新技術を搭載したEV車」だと手垢のついた表現ですが、これをもっと具体的にして「ポルシェより速く走るEV車」と表現したらどうでしょうか。できる限り、ほかの資料タイトルでは使われない言葉を考えること、それが差別化にもつながります。

STEP② 資料の目的がわかる単語を選ぶ

　たくさんのキーワードを挙げたら、そのなかから使用するキーワードを選択します。実際に作業してみれば、おわかりになるでしょうが、10文字という制限だと2～3語程度しか使用できません。そのため、どのキーワードを選ぶか悩んでしまいがちです。このときは、「読者に伝えたい核となるメッセージはどれか」という視点で判断するとよいでしょう。事例では「市場調査」、「弊社製品」などではなく、「顧客満足度向上の戦略」を選ぶことができるはずです。

STEP③ サブタイトルに他資料との違いがわかる単語を入れる

　タイトルだけでは読者に伝えたいメッセージの核の部分しか入れられないこともあるでしょう。そのときはサブタイトルを活用します。すなわち、STEP①で挙げたメッセージのなかから、タイトルを補完するキーワードを選ぶのです。伝えたいメッセージが「主張」に当たるので「背景」や「根拠」となるキーワードを選ぶと説得力の強いタイトルになります。

心理学的に
興味を湧かせる
タイトルの**3つのポイント**

人間の脳は未解決の問いに興味を持つ

　タイトルは短ければ短いほどインパクトが増しますが、それだけ押さえれば魅力的になるというわけではありません。短いタイトルでかつ、読み手の興味を引くためには、次のポイントを押さえましょう。

① 数字を使用する

　数字は視覚的に目立ちやすく、聞き手の注意を引きつける力があります。認知心理学の知見でも、数字によって提示されることで脳が関心を持ちやすくなることが明らかになっています。

　タイトルに数字を入れることは、話題がいくつ出てくるのかがわかり、聞き手が全体像を理解する手助けにもなります。

② 疑問形で終える

　人間の脳は未解決の問いや疑問に興味を持ち、その解決を求める傾向があることがわかっています。疑問形の文章を見ると、聞き手は無意識のうちにその答えを探そうとするのです。

「〇〇を知っていますか?」のように、疑問形で終わるタイトルにすると、聞き手は頭のなかで無意識に答えを探そうと脳を働かせるため、自然と興味を持ってもらえるように仕向けることができます。ただ、「〇〇」の部分はプレゼンのなかで明らかにできるようにしておくことがマストです。

③ 聞き手のメリットを示す言葉を入れる

人間は常に自分の「得」になることをしようとします。それが生物全般の本性だからです。"聞き手のメリットを示す言葉を入れる"と、自然に聞き手の関心や注意を引くことにつながります。

逆に言えば、どんなに素晴らしい資料内容だとしても、聞き手は自分にメリットがある内容でなければ興味を持ちません。資料作成はあくまで「聞き手主体」で作る必要があります。具体的には、資料で得た知識がどんな行動につながるかを示すのです。

この他、あえて謎が残ったりするテクニックや一般的には知られていない用語をそのまま載せる方法も効果があります。例えば、図2-2では「内臓感覚」というキーワードがまさにこれに当たります。聞き手が「知りたい」という感情を持つきっかけになるため、資料タイトルにも応用しやすいでしょう。ぜひ使ってみてください。

①〜③は心理学を応用したテクニックです。1度にすべてを使う必要はありませんが、ひとつ以上入れることで魅力的なタイトルに近づけることができます。

図2-2 聞き手の興味を引くタイトル

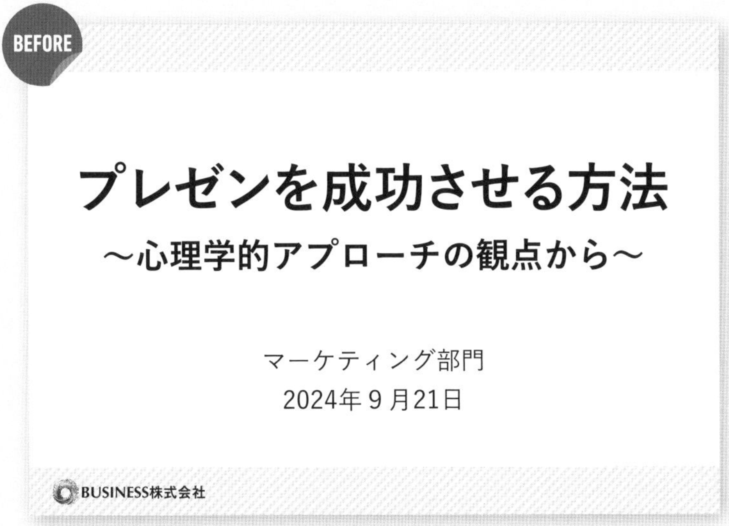

BEFORE

プレゼンを成功させる方法
〜心理学的アプローチの観点から〜

マーケティング部門
2024年9月21日

BUSINESS株式会社

タイトルは短くてすっきりしているが、なにか物足りない印象を受ける。こういったケースでは「数字」「疑問形」「聞き手のメリット」を入れるとよい。

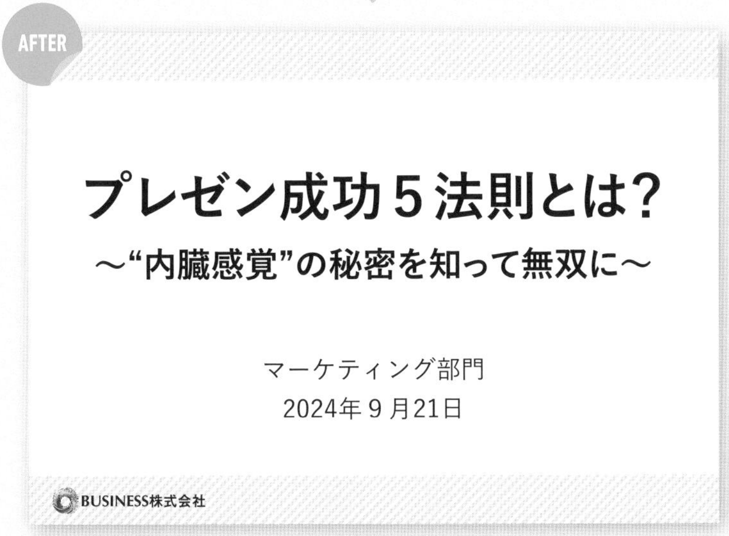

AFTER

プレゼン成功5法則とは?
〜"内臓感覚"の秘密を知って無双に〜

マーケティング部門
2024年9月21日

BUSINESS株式会社

上記では数字の「5」を入れ、さらに"内臓感覚"という新奇性にあふれるキーワードを入れることで聞き手の興味を刺激。聞き手をワクワクさせるタイトルになっている。

「数字」「疑問」「メリット」を 効果的に使うテクニック

・数字は割り切れない数がオススメ

　タイトルに入れる数字は「1・3・5・7」といった割り切れない数字（奇数）が理想的です。マーケティング分野の研究によれば、切りの悪い数字は人に信頼感を与えるということがわかっています。数字は「素数」であったほうが、信頼度が高くなるということもフロリダ大学の研究で明らかになっています。

・疑問の内容は聞き手が興味を持つ内容に

　疑問形は相手に問いかけるフレーズです。先述の通り、人は自分に関係のあることに興味・関心を強く抱きます。逆に言えば、自分に関係のないことだと思ったら、どれほど素晴らしい疑問形のタイトルであっても、資料の内容には目を通してもらえないでしょう。ですから、聞き手が「自分が悩んでいた答えが書いてある（or聞ける）」と瞬間的に感じる疑問形が理想的です。

・メリットは相手に想像させてワクワクしてもらう

　メリットを伝えるときのポイントは、未来に役立つことを匂わせることです。資料の説明を聞くことで、自分の将来に向かってなにかいいことが待っていると想像できると、そのあとの本編の内容を集中して聞いてもらえる可能性が高まるのです。

　具体的にイメージしてもらうためには、タイトル＋口頭でのプッシュが必要です。例えば「プレゼンが3倍上手くなる」と題した資料のあとに、口頭で「このプレゼンの方法を活用すれば、売上げが3割増になって、ボーナスも増えるかもしれません。ボーナスが増えたらどうします？　同僚からの評価は？　恋人や奥さんからの評価はどうなります？」といった具合に資料を見せながら聞き手に問いかけるのです。相手が自分で想像するように、疑問形をいくつも入れることがこの方法の大切な点です。

最先端の実験でわかった本文とタイトルの黄金比率

本文とタイトルの最適な文字比率は1：1.5

プレゼン資料のスライドを作成しているとき、スライドの見出しと本文の大きさの比率をどれくらいにすべきなのか悩んだことはないでしょうか。同じ大きさにすると見出しのインパクトが出ないし、極端に差をつけてもなんだかバランスが悪くなってしまう……。

千葉大学デザイン心理学研究室では、次のような実験で本文と見出しの最適な比率を明らかにしました。

地下鉄駅ホームのフィールド実験を中心に、電子ペーパーによるデジタルサイネージを使用して、本文と見出しの最適な比率を調査したのです。なお、デジタルサイネージとは、デジタルディスプレイに情報や広告等を表示するシステムのことです。

実験の結果、本文と見出しの最適な文字の大きさの比率は1：1.5であるということが明らかになりました（図2-3参照）。

これをプレゼン資料に当てはめると、図2-4のようになります。

本文とタイトルの最も美しく見える大きさの比率は1：1.5ですので、使用シーンに応じて使い分けると次のような設定がオススメ

です。

① タイトルが36ポイント、本文が24ポイント
② タイトルが42ポイント、本文が28ポイント
③ タイトルが60ポイント、本文が40ポイント

　上記のように設定すれば、人間にとって心地よく見える割合で本文やタイトルを作ることができます。ただ、プレゼンテーションする会場の広さによっては見づらいこともあるかもしれません。その場合は聞き手との距離やフォントサイズを適宜調整しましょう。なお、PowerPointのソフトを立ち上げて「新しいプレゼンテーション」を選ぶと、最初のフォントの大きさは本文が28ポイント、タイトルが44ポイントです。その比率はおよそ1：1.6です。資料制作の時間に余裕がない人は、デフォルトの状態で進めても問題ありません。

　ちなみに、1：1.5という比率は、実は黄金比率とほぼ変わりません。黄金比率とは人間の感覚で最も美しく、最も心地よいと感じられる比率のことです。レオナルド・ダ・ヴィンチの「モナリザ」、サンドロ・ボッティチェッリの「ヴィーナスの誕生」といった有名な作品にも黄金比が使用されています。

　黄金比率は数式で表すと「1：$(1+\sqrt{5}) / 2 = 1 : 1.618033\cdots$」となり、おおよそ「1：1.6」です。黄金比率に近い1：1.5が、現代の人間が一番見やすい本文とタイトルの大きさの比率なのです。

図 2-3 デジタルサイネージの実験

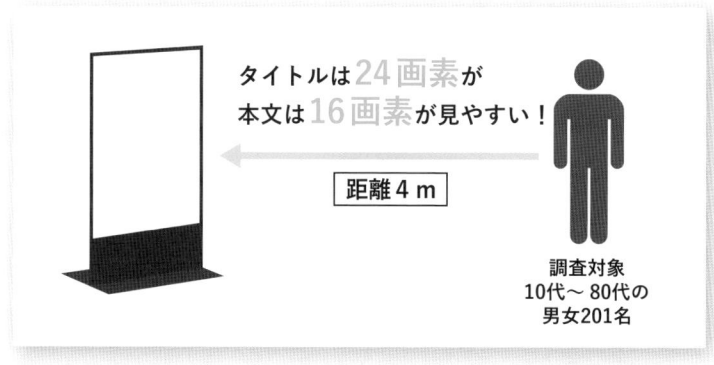

実験ではデジタルサイネージから約4メートルほど離れたところから、白い背景に縦横各24・16・12画素（1画素は4mm×4mm）の文字を表示したコンテンツ2種類を切り替えて表示しました。文字間隔はフォントサイズの25％、行間隔はフォントサイズの50％に設定しました。駅の利用者10代〜80代の男女201名を対象に調査を実施したところ、タイトルについては24画素が、本文については16画素がそれぞれ「大きい」または「ちょうど良い」という回答の割合が最も大きくなりました（24画素：91.9％、16画素：77.9％）

図 2-4 タイトルと本文の最適なバランス

BEFORE

糖質ゼロ大福 発売！

都市の中心部やイベント会場など、人が集まる場所に移動して販売する株式会社スイーツカンパニー。弊社は、糖質ゼロの材料と独自のレシピで作られた新感覚の大福を新発売。あんこの甘さたっぷりなのに体にも優しい商品を実現しました。また、包装にはSDGsのために配慮した環境に優しい包装紙を使用します。

◎ BUSINESS株式会社

タイトルを30ポイント、本文を28にしたスライド。黄金比率からは大きく外れているため、見た目にメリハリがない。

糖質ゼロ大福 発売！

都市の中心部やイベント会場など、人が集まる場所に移動して販売する株式会社スイーツカンパニー。弊社は、糖質ゼロの材料と独自のレシピで作られた新感覚の大福を新発売。あんこの甘さたっぷりなのに体にも優しい商品を実現しました。また、包装にはSDGsのために配慮した環境に優しい包装紙を使用します。

BUSINESS株式会社

本文は "BEFORE" と同じ28ポイントだが、タイトルを42ポイントに拡大したスライド。ほぼ黄金比率に近い1.5にしたことで、ずっと良い見た目に変わった。

糖質ゼロ大福 発売！

都市の中心部やイベント会場など、人が集まる場所に移動して販売する株式会社スイーツカンパニー。弊社は、糖質ゼロの材料と独自のレシピで作られた新感覚の大福を新発売。あんこの甘さたっぷりなのに体にも優しい商品を実現しました。また、包装には SDGs のために配慮した環境に優しい包装紙を使用します。

BUSINESS株式会社

本文は28ポイントで、タイトルを66ポイントに設定。大きすぎる文字（タイトル）と小さい文字（本文）が近接していると、"対比効果" という現象が生じて、本文がより小さく感じてしまい、読みにくくなる。

04

人間の眼球運動にとって最適な行間隔と文字間隔

....

文字間隔は文字の4分の1の間隔が理想

　人間の眼球は横書きの文章を読むとき、通常左から右に横へと動き、右端までいくと次の行の左端から右へと動いていきます（図2-5）。

　このとき文字間が詰まっていると読みづらいですし、行間が詰まっていると、どの行まで読んだのかわからなくなる事態を引き起こすことがあります。読み手にストレスを与えないためには、行間と文字間の両方に適度に余白があることが理想です。

　前項でお話したデジタルサイネージの実験では、読みやすい行間隔・文字間隔についても調査しました。実験結果では横書きの場合、行間隔が文字の大きさの50〜75％、文字間隔が文字の大きさの25％が最も読みやすいということが明らかになりました。

　数値で表してもわかりづらいでしょうから、図2-6を見てください。例えば、横書きではフォントの大きさが32ポイントだと、行間隔は16〜24ポイント分、文字間隔は8ポイント分を空けると読みやすく、見た目にもよい印象を与えることができると考えられます。

図2-5 文字を読むときの人間の眼球運動

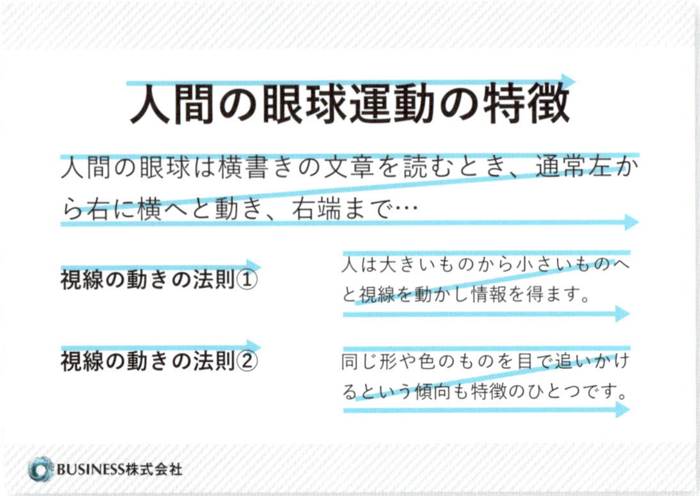

横書きの文章では、上記のように通常左から右に横へと動き、右端までいくと次の行の左端から右へと動いていく。

　実際のPowerPointの操作では、文字間隔は「ホーム」タブ→「フォント」を選択して調整できます。一方、行間隔は「ホーム」タブ→「行間」を選択して調整できます。よく使われる本文の大きさ3種類について、文字間隔と行間隔の目安を下記に記載しました。ぜひ設定を変更して、違いを体感してみてください。

> ① 本文24ポイント　文字間隔6ポイント　行間隔12〜18ポイント
> ② 本文28ポイント　文字間隔7ポイント　行間隔14〜21ポイント
> ③ 本文40ポイント　文字間隔10ポイント　行間隔20〜30ポイント

図2-6 文字間と行間の最適な比率

BEFORE

新開発のChat GPT

AI対話プラットフォーム『AI Challenge 』に、業界最先端の2つの機能を追加搭載。業界をリードするAIチャットボットであるChat GPTに未実装の「Web検索」と「リンク解析」機能が、『AI Challenge 』で利用可能となります。当社の『AI Challenge 』は、複数のLLM（大規模言語モデル）を利用可能な企業向けAIサービスです。

BUSINESS株式会社

本文の行間隔が文字の大きさの約7％、文字間隔が文字の大きさの0％で窮屈な印象を与える。これだと聞き手（読み手）はストレスを感じやすくなる。

AFTER

新開発のChat GPT

AI対話プラットフォーム『AI Challenge』に、業界最先端の2つの機能を追加搭載。業界をリードするAIチャットボットであるChat GPTに未実装の「Web検索」と「リンク解析」機能が、『AI Challenge』で利用可能となります。当社の『AI Challenge』は、複数のLLM（大規模言語モデル）を利用可能な企業向けAIサービスです。

BUSINESS株式会社

本文の行間隔を文字の大きさの約50％、文字間隔を文字の大きさの約25％にして最適な状態に変更した。PowerPointでも手動で文字間や行間隔は調整できる。

PowerPointで行間隔と文字間隔を調整する方法

PowerPointによる行間隔と文字間隔の操作は次の通りです。

行 間 隔 の 設 定 方 法

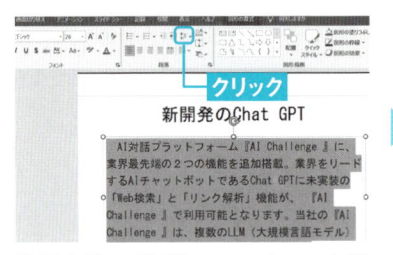

❶指定部の「行間」のアイコンを選択する。

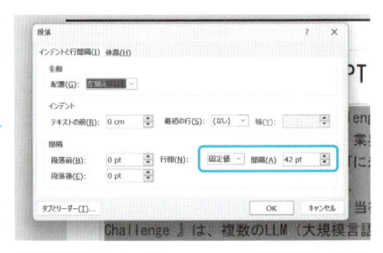

❷「行間のオプション」を選択して行間のタブを「固定値」に設定。この数値を調整して行間隔を設定できる。

文 字 間 隔 の 設 定 方 法

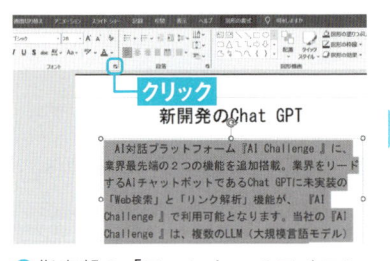

❶指定部の「フォント」のアイコンを選択する。

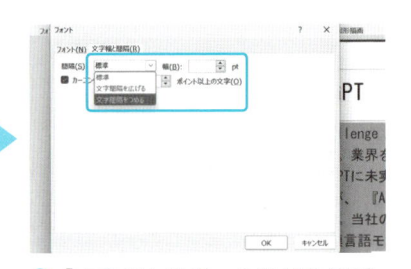

❷「文字幅と間隔」の項目を選び、幅の数値を調整して文字間隔を設定できる。

ゴシック体と明朝体の使い分けで資料の読みやすさを調整する

 ## 「ヒラギノ角ゴシック」が万能

フォントは明朝体とゴシック体に大きく分けられます。

明朝体はその名の通り、中国の明朝時代の活字印刷で使われた書体に由来します。直線的な筆致と優雅な曲線の組み合わせにより、**フォーマルな印象を読み手に与えるデザイン**です。

一方、ゴシック体はもともと、装飾が過度に多い活字が起源のようです。しかし、とても読みにくかったために20世紀になって開発されたサンセリフ体をもとにオルタネート・ゴシック体［Alternate Gothic（ゴシック体に代わる書体という意味)］という書体が生まれました。これが、日本では短縮してゴシック体と呼ばれるようになって定着したという経緯があります。

ゴシック体は直線的でシンプルなデザインが特徴ですので、**カジュアルで親しみやすい印象を読み手に与えます。文字の太さに均一性があり、文章を読みやすくする効果があります。**

ビジネスパーソンであれば、プレゼンの資料では主にゴシック体を使う人が多いでしょう。実際、パソコンやスマートフォンなどの液晶ディスプレイで明朝体を使うと、画面の解像度によって、線の

細い部分がきれいに表示されないために視認性が下がります。一方で、**ゴシック体は文字の一画、一画に厚みがあるため、画面やスクリーンから離れた位置でも見やすくて、プレゼン資料に適しています**。プレゼン資料でゴシック体を使うという選択はデザイン心理学的にも理にかなっているのです。

図2-7に示すようにパソコンでゴシック体に絞っても、さまざまな種類があります。**そのなかでも、私がおすすめするのが「ヒラギノ角ゴシック」です**。ヒラギノ角ゴシックは特徴のひとつに、明朝体（特に「ヒラギノ明朝」）と組み合わせても美しく、違和感がないように作られている点があります。また、フォントの内側の空間が広目に作られているため、小さくなった場合にも見やすい書体です。他のゴシック体と比べても読みやすさに優越性があるのです。ただ、WindowsのPowerPointには入っていない書体なので、その場合は游ゴシックのMIDIUMがおすすめです。

その他、プレゼンで難しいテーマの話を扱うときには、丸ゴシック体を使うこともコツのひとつです。柔らかみのある書体が、聞き手のハードルを下げて話を聞いてもらえる工夫ができます。

また、一般的にPowerPointを使ったプレゼン資料では、あまり明朝体は使わないほうがよいとされていますが、部分的には効果を期待できるケースがあります。**例えば、プレゼンのメッセージで重要部分を強調するときに明朝体を使うと、他の内容と視覚的に区別されて効果的です**。アジェンダやプレゼンの要約など、構成や重要なポイントを示す場合にも、視覚的な区切りをつけられます。

ただ、明朝体は、過度に使うと読みづらさや視覚的混乱を招く恐れがあるため、適度な使用を心がけましょう。

図2-7 ゴシック体と明朝体の役割と使い分け

ＭＳ明朝

> ## テクノロジーが教育を変える
>
> ・動画による学習の効率化
> ・教員と生徒の双方向の学びを促進
> ・個別のペースに合った学習を展開
>
>
>
> 生徒の学習体験が飛躍的に向上
>
> BUSINESS株式会社

➡ **プレゼン資料では補助的に使用するのがおすすめ**

游ゴシック

> ## テクノロジーが教育を変える
>
> ・動画による学習の効率化
> ・教員と生徒の双方向の学びを促進
> ・個別のペースに合った学習を展開
>
> 生徒の学習体験が飛躍的に向上
>
> BUSINESS株式会社

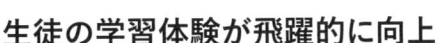

➡ **Windowsでプレゼン資料を作るときにおすすめ**

テクノロジーが教育を変える

・動画による学習の効率化
・教員と生徒の双方向の学びを促進
・個別のペースに合った学習を展開

▼

生徒の学習体験が飛躍的に向上

BUSINESS株式会社

➡ Macでプレゼン資料を作るときにおすすめ

テクノロジーが教育を変える

・動画による学習の効率化
・教員と生徒の双方向の学びを促進
・個別のペースに合った学習を展開

▼

生徒の学習体験が飛躍的に向上

BUSINESS株式会社

➡ プレゼンではあまり使わず、ポスターなどにおすすめ

知っておきたい4つの書体の特徴

MS明朝

　日本語の活字印刷に適したフォントで、文字が比較的太くて読みやすいという特徴があります。書体のバランスがよく、本文や文章全体を視覚的に引き立たせる効果があります。ただ、小さいサイズで使用すると、文字が潰れやすい場合がありますので注意しましょう。

游ゴシック

　Windows版のパワポでもデフォルトで使えるゴシック体フォントで、游明朝Lightと同じ游書体のひとつです。洗練されたデザインで、コンピュータ上での表示や印刷にも適した書体として人気があります。ただ、他のゴシック体フォントに比して、やや細い印象がありますので、タイトル表示や強調したい部分では太字やMEDIUMで用いるとより効果的でしょう。

ヒラギノ角ゴシック

　Mac OSに搭載されているゴシック体フォントです。視認性が高く、小さな文字サイズでも読みやすいので、デジタルディスプレイや印刷物において広く使用されています。美しく、バランスの取れたデザインが特徴で、漢字、ひらがな、カタカナが調和するように作られています。また、ウェイト（文字の太さ）が多く用意されており、細字から太字まで、用途に応じて使い分けることも可能です。ただ、WindowsとMac OSで互換性の問題が生じる場合があります。

游明朝Light

　軽やかでモダンな印象を与える游書体のひとつです。文字の線が細く、特に大きなサイズで使用すると、美しさが際立ちます。タイトルや見出し、ポスターなどに適していると言われ、視覚的なインパクトを持たせたい場面で活用するとよいでしょう。ただ、低解像度の環境では読みづらくなる可能性があること、あるいは字間や行間の調整が難しい場合があることには注意が必要です。

図2-8 明朝体の効果的な使い方

BEFORE

企業の重大な危機で必要なこと

・大きな成功を収めた経営者の心構えを参考にする
　松下幸之助（パナソニックの創業者）の言葉
　　──事業経営は本質的には私の事ではなく、公事で
　あり、企業は社会の公器なのである。だから、たとえ
　個人企業であろうと、私の立場で考えるのでなく、常
　に共同生活にプラスになるかマイナスになるかという
　観点からものを考え、判断しなければならない──

🔵 BUSINESS株式会社

パナソニックの創業者である松下幸之助の言葉を引用したスライド。ただ、上記では引用部分がどこなのかがわかりづらい。

AFTER

企業の重大な危機で必要なこと

・大きな成功を収めた経営者の心構えを参考にする
　松下幸之助（パナソニックの創業者）の言葉

　　──事業経営は本質的には私の事ではなく、公事であり、
　企業は社会の公器なのである。だから、たとえ個人企業で
　あろうと、私の立場で考えるのでなく、常に共同生活にプ
　ラスになるかマイナスになるかという観点からものを考
　え、判断しなければならない──

🔵 BUSINESS株式会社

偉人の言葉の引用部分に明朝体を使用して変化をつけたスライド。このように書体を使い分けることでメリハリを出すこともできる。

06

内臓感覚に訴える 伝わる箇条書きの 作り方

 ## 項目の数だけではなく、階層レベルも意識する

　長い文章の内容をシンプルに伝える手段に、箇条書きがあります。例えば、「カレーライスは、肉と野菜を一口大に切って、フライパンにサラダ油を引いたら中火で肉を炒める。そこに野菜を加えて、たまねぎが透き通るくらいまでさらに炒める。その後、水を加えて15〜20分煮込む。最後にカレールーを加えて完全に溶かしながら10分煮込んで完成です。」という文章があるとします。これを箇条書きにすると次の通りです。

> ① 肉と野菜を一口大に切る。
> ② フライパンにサラダ油を引き、中火で肉を炒める。
> ③ 野菜を加え、たまねぎが透き通るまで炒める。
> ④ 水を加えて15〜20分煮込む。
> ⑤ カレールーを加えて10分煮込んで完成。

　箇条書きは、文章では長くわかりにくくなってしまう内容を、少ない文字数で要点を的確に伝えられるのがメリットです。資料の本文と切り離してメリハリをつけられるので、可読性が高まって、強

い印象を残すことができます。

　箇条書きでは次の2点を意識しましょう。

　ひとつは箇条書きの項目を3〜5つに設定することです。デザイン心理学の観点で言えば、箇条書きの項目のベストは3つです。第2章の冒頭でもお話したように、そもそも人間は一度に頭に入れて処理できる情報量は7±2個までと決まっています。箇条書きの場合は、それぞれの行に一定の文字数が使われている分、一行当たりの情報量が多くなります。そのため、一度に見て内容を覚えられる数もその分少し減るものと想定されるので、箇条書きは3つ、多くても5つで示すのが妥当です。

　6つ以上記載してしまうと、聞き手は内蔵感覚で「たくさんある」との印象を持ってしまい、読む気が半減してしまいます。一方で、1〜2つだとそもそも箇条書きにする意味がありません。

　もし伝えたい項目がたくさんあって、箇条書きが6つ以上になりそうなときは2枚のスライドに分けたり、それぞれの箇条書きを統合したりして調整しましょう（図2-9参照）。

　2つ目は、箇条書きに記載する内容の「階層」を合わせることです。例えば、「Instagram、X、ヒカキン」では、ヒカキンだけ他の2つと並列のワードではありません。

　階層の不一致は読み手に不必要な違和感を与える原因となります。後述するように、一貫性がないと人間は気持ち悪く感じてしまうという心理学的な知見も明らかになっていますので、聞き手の理解を妨げます。上記では、InstagramとXに合わせれば、ヒカキンは

図2-9 伝わる箇条書きの作り方

BEFORE

Z世代の好む自動車の要件は？

1. エコフレンドリーな動力
2. 維持費用の低さ
3. 優れた安全機能性
4. 進歩的な運転支援システム
5. 近未来的なデザイン
6. コネクティビティの充実
7. 多様なオプション
8. 柔軟なパーソナライゼーション

 BUSINESS株式会社

1枚のスライドに8つも項目を列挙すると、聞き手に「多い」という印象を与えてしまう。6つ以上の箇条書きは聞き手の興味が半減してしまうので避けるのが無難だ。

AFTER 1枚目

Z世代の好む自動車の要件は？

1. エコフレンドリーな動力

2. 維持費用の低さ

3. 優れた安全機能性

4. 進歩的な運転支援システム

 BUSINESS株式会社

対策のひとつはスライドを分けること。BEFOREの内容はそのままに1枚目のスライドに4つ、2枚目のスライドに4つと分ければ印象もグッとよくなる。

Z世代の好む自動車の要件は？

5. 近未来的なデザイン

6. コネクティビティの充実

7. 多様なオプション

8. 柔軟なパーソナライゼーション

 BUSINESS株式会社

前ページのBEFOREを分割した場合の2枚目のスライド。項目の長さや漢字とひらがなといった見た目のバランスを統一することも大切だ。

Z世代の好む自動車の要件は？

1. 環境への配慮と経済性の意識の両立

2. 予防と衝突の両面で安全性に優れている

3. 最先端のデザイン（IT面も含めて）

4. オプション等によって好みの車にできる

BUSINESS株式会社

箇条書きの内容をまとめて項目を減らすことも有効な手段。上記は言葉を言い換えながら、8つの項目を4つに絞った。ただ、この方法はひとつひとつの項目が抽象的な表現になりやすい。

YouTubeになるでしょうし、ヒカキンに合わせれば、他のインフルエンサーの名前を表記するのが自然です。項目数と階層を意識した箇条書きをプレゼン資料作りに役立てましょう。

ここもCHECK! わかりやすい箇条書きを作るポイント

●項目の長さの統一
項目ごとの文章の長さをできるだけ揃えます。極端に短い項目と長い項目が混在すると箇条書きの統一感が失われます。

●情報粒度の一致
各項目が同じレベルの詳細さで書かれていることを確認します。ある項目だけが具体的な詳細を含み、他が一般的な説明だけだと、階層が不均一となります。

●論理的順序の整合性
各項目が論理的な順序で並んでいることを確認します。論理的なつながりがあると、階層が揃っているように見えます。

●体言止めは意識して使用するかどうか判断
すべての項目を同じ文法形式で書きます。例えば、体言止めにするかしないか等によって、一貫性を持たせます。

●漢字、ひらがな、カタカナのバランスが偏らないようにする
漢字がズラリと並んだり、ひらがなだけが並んだりしたスライドは人の読む気を削ぎます。できる限り、漢字とひらがなをバランスよく組み合わせるようにしましょう。理想は漢字：ひらがら（カタカナ）の割合が5：5ぐらいです。

07

主語を明確にすることで聞き手の不安をなくす

上級者は主語を操作して印象を変えることも

図2-10を見てください。2つの文章をご覧になって皆さんはどのような印象を持つでしょうか。多くの人はBEFOREよりも、AFTERの文章に好印象を持つことでしょう。

なぜこのような違いが生まれるかというと、両者の違いは主語の有無です。心理学の視点では、プレゼン資料に主語があるかどうかはとても重要です。

皆さんも、わかりにくいプレゼンでは、関心も持てない上に全く内容が頭に入らず、文脈を誤解してしまったなどの経験があるのではないでしょうか。

認知心理学ではいくつかの知見が次のように明らかになっています。**主語が明確なほうが不明確な場合と比べて、①認知的負荷の軽減、②情報の一貫性および明瞭性の向上、③記憶の定着の上昇、④誤解の防止、⑤興味の向上などのポジティブな効果が生じるのです。**

つまり、プレゼン資料において主語を明確に記述することは、聞き手の理解を深め、記憶に残りやすくすることに直結します。

実際、図2-10でBEFOREは1文目の主体が不明確で、何が目

的かわからない文章です。主語が曖昧では物事の因果関係が不明確になって、聞き手が混乱してしまったり、「こういう解釈であっているのかな」と不安になってしまったりする可能性があります。

　一方で、AFTERのように主語を入れるだけでも印象は大きく変わります。「だれが」「どうする」という関係性が明確になって、文章全体の意味を正確に聞き手に伝えられます。

　主語の重要性を理解すれば、主語を変化させるだけで、聞き手に与える印象や解釈を変えることもできます。例えば、あなたがプレゼンでアジャイルの導入を提案することになったとしましょう。

　使用する主語の違いによって、次の例文①〜③に示す通り、聞き手への印象や文のニュアンスが変化します。

① 「私はアジャイルを導入したいです」

　主語が「私」であり、個人的な意志や欲求が表現されます。この場合、個人的な責任や関与が強調され、次の段階では話し手がアジャイルを導入したい理由や目的について述べることを予想させます。聞き手は話し手の個人的な興味や動機に焦点を当てることになります。

② 「弊社はアジャイルを導入したほうが良い」

　主語が「弊社」であり、組織や会社全体の立場を表します。したがって、この文は組織全体の利益や効率性に焦点を当てており、アジャイルを導入することが組織にとって望ましいと主張することになります。聞き手は、会社や組織の視点から、より広い視野でその

主張を解釈することになります。

③ 「アジャイル開発によるアプローチを導入すべきです」

　主語が明示されていませんが、文脈から「弊社」が主語であることがわかります。ただ主語が省略されているため、より客観的な視点からの主張であると解釈されます。この文は、事実や理論的な視点からアジャイル開発が組織にとって最適であるというニュアンスになりますので、聞き手は客観的な視点からその主張を受け取るでしょう。

　上記をまとめると、次のように主語を使い分けるといいでしょう。

> **主語：私**
> →個人的な責任や関与を強調するとき
>
> **主語：自社、会社**
> →組織の利益や効率性を強調するとき
>
> **主語：なし**
> →客観的な事実や理論的な視点を強調するとき

　プレゼン資料は文字数を減らしてシンプルな表現を心がけることが原則だと先述しました。しかし、必要な主語まで省略しすぎて意味のわからない表現になっては本末転倒です。主語を上手く使いこなすことで聞き手とのミスマッチを防ぐことができます。

図 2-10 主語の有無による印象の変化

BEFORE

販売促進の課題

「ながら視聴」が好まれる。
最近では人気の高い情報収集に

音声だけで訴求できる
動画プロモーションへの施策を検討

⊙ BUSINESS株式会社

1文目に「〜が〜」と入っているものの、この「が」は主語ではないため、誰が好んでいるのか不明。2文目は1文目から文がつながっているように見えるが全体的にぼやっとしている。

AFTER

販売促進の課題

Z世代は「**ながら視聴**」を好む。
SNSはもちろん、ラジオも人気の情報源に

**音声だけで訴求できる
動画プロモーションへの施策を検討**

⊙ BUSINESS株式会社

主語をZ世代と明示することで明確なメッセージに。2文目は「ながら視聴」の具体例としてラジオを挙げることで、より具体的な情報を聞き手に伝えられている。

08

白抜き文字で聞き手の興味を引きつける

背景×白抜き文字で視線をくぎ付けに

　私たちが普段、紙に文字を書くときやメールに文章を入力するときは白地×黒文字の形式が一般的です。その理由は、読みやすさと視認性に優れるからですが、プレゼン資料に限っては白地×黒文字だけでは、資料の印象が"ダレてしまう"こともあります。資料全体にメリハリが感じられずに読み手にとって退屈なものになってしまうことがあるのです。

　対処法のひとつに、色地×白抜きを使って、読み手の目を引きつける手段があります（図2-11参照）。色地×白抜きの文字の組み合わせは、文字と背景の色のコントラストによって目立たせる効果が生まれます。

　なかでも、黒地の背景×白抜きの文字はコントラストが最も高くなり、ぱっと見の印象が強烈です。キャッチフレーズや重要な数字、タイトルなど、聞き手の目を引きたい部分に使用すると、デザイン全体に濃淡をつけることができて効果的でしょう。

　ただし、黒以外の色地×白抜き文字の場合では注意点があります。先述の内容からもわかるように、効果を十分に発揮するためには、

文字と背景に十分なコントラストを保つことが必要で、文字が明確に浮かび上がるような背景を選ぶことが大切です。例えば、黄色の背景に白抜きの文字を使用すれば、コントラストが低くなるために、とても見づらいデザインになります。

　特におすすめは次の組み合わせです。

① 赤色×白抜き文字
② 青色×白抜き文字
③ 緑色×白抜き文字

　また、色地×白抜き文字を効果的にレイアウトするために、読み手の視線を意識しましょう。

　色地×白抜き文字は目立つので、読み手はスライドのなかで真っ先にその部分を見るはずです。38ページでの説明のように、横書きでは人間の目は左上→右上→左下→右下というZの形で動くのが基本です。これは、読み手にストレスを与えない＝見やすい資料にするためには視線の動きをZの形になるようにレイアウトすることが重要ということでもあります。

　色地×白抜き文字では、そのアイキャッチ効果を考慮して、プレゼン資料では読み手の視線の前半部分、すなわち、スライドの上部に使いましょう。他の文字の流れとバッティングすることないZのレイアウトに近づけることができます。

　聞き手の気分を一新させることができる色地×白抜き文字。新聞や雑誌などではよく用いられている通り、効果てきめんです。

図2-11 色地×白抜き文字の使い方

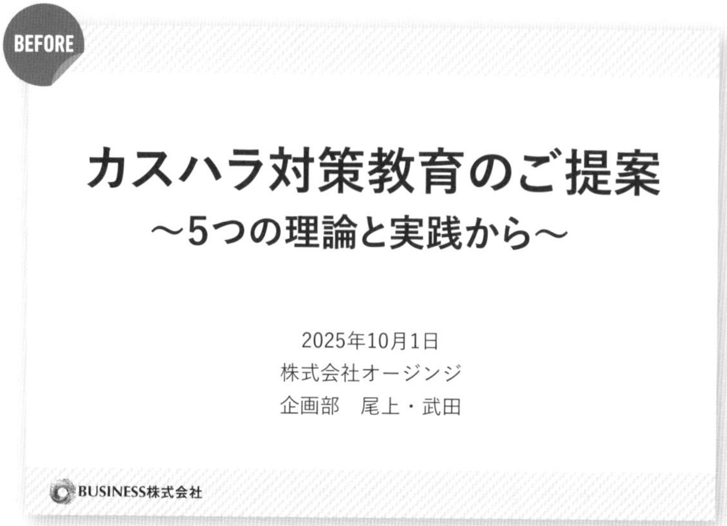

BEFORE

カスハラ対策教育のご提案
～5つの理論と実践から～

2025年10月1日
株式会社オージンジ
企画部　尾上・武田

BUSINESS株式会社

プレゼン資料の表紙スライド。白地×黒文字で一般的だが、ややインパクトに欠ける。

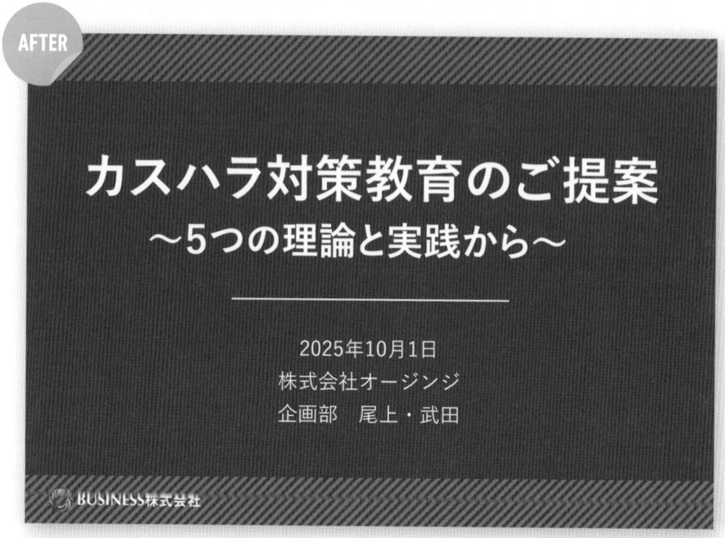

AFTER

カスハラ対策教育のご提案
～5つの理論と実践から～

2025年10月1日
株式会社オージンジ
企画部　尾上・武田

BUSINESS株式会社

紺色の地と白抜き文字に変更したバージョン。BEFOREよりも聞き手に強い印象を与えることができるため、表紙スライドにもぴったりだ。

レイアウトとカラーは
一瞬の見た目で
内臓感覚に訴える

10枚以内のページ数で
聞き手の集中力がアップ

「一対比較法」で情報を取捨選択

プレゼンは「短く、簡潔に」が鉄則です。

第2章でタイトルは10文字に収めるべきとお話しましたが、同様にスライドの枚数も10枚以内とすべきです。理由は次の3つです。

① 脳の働きを最大限に高める

人間の脳には情報を一時的に保存しながら、作業できるワーキングメモリという機能があります。ワーキングメモリを超えて、脳に負荷がかかる「認知負荷」状態になると資料で述べる内容がうまく伝わらない可能性が高まります。その状態にならないために10枚以内の資料に収めるのが理想的なのです。

② 聞き手の興味を維持する

人の集中力が持続できる時間は15分程度であるということを示す研究があります。事実、高い集中力が要求される同時通訳者は15分を目安に交代するように仕事をしています。そのためプレゼンで1スライド当たり約2分間使うことを考えると、できれば8枚、

多くても 10 枚がいいのです。それを超えると、どんなに優秀な聞き手でも全体の話が理解しづらくなりますし、飽きてしまうこともあるでしょう。

③ 重要な情報を強調できる

　人間は対象の数が多くなると、それらを記憶することが難しくなります。10 枚程度に資料を収めるのがよいというのがデザイン心理学からの見解ですが、実際には 10 枚程度に情報を収めようとするならば、取捨選択が必要になるでしょう。その結果として、本当に大事なポイントを聞き手にアピールできるのもメリットのひとつです。逆に資料の枚数が多ければ多いほど、重要な情報が埋もれてしまう傾向に陥るので気をつけましょう。

　上記を理解しても、「どうすればプレゼン資料を 10 枚以内に収められるのか」と思うかもしれません。

　私は、たくさんの対象を特定の数までに絞る場合には、心理学の実験で用いられる「一対比較法」という方法をよく用います。

　一対比較法の手順は次の通りです（詳細は次ページ参照）。

　まず考えられるだけ選択肢を出します。次に、一対比較法ではそのなかから 2 つを選び取り、どちらが重要かを決めていきます。こうして取捨選択していくことで、やがては選んだ内容が 10 個以内に収まるはずです。プレゼン資料ではその 10 個をもとに構成を組み立てていくのです。

　一対比較法のメリットは誰でも簡単に実践できる点です。時間もそれほどかからないので、ぜひ使用してみるといいでしょう。

「一対比較法」を使ってテーマを絞る方法

　たくさんのテーマのなかから、最終的に資料スライドを10枚にするにはどうすればいいのか。現実的に、どのテーマを選択しようかと考えるときに、その選ぶべき10枚すべてについて悩むという状況はあまりないはずです。つまり、資料を作る人は誰しも、「今回の資料の内容において、この5枚は重要なので絶対に外せない！」というようなケースがほとんどでしょう。

　例えば、あなたは新規事業を立ち上げるプレゼン資料を作成しているとしましょう。このとき、下記のようなトピックが思い浮かんでいます。必ず入れるべきだと判断しているのは❶〜❺です。ただ、❻〜⓯については、どれを入れるべきか悩んでいます。このような状況では、残りの5枚を選択する必要があります。

　一対比較法の原理を利用して、重要性の度合いに応じて、5枚に絞ってみましょう。

❶ 新規事業 の 概要	❷ 新規事業を 立ち上げる 背景と影響	❸ 見込み 顧客の 購買事例	❹ 新規事業が 必要な 理由	❺ 市場規模 と その推移
❻ 新規事業の 機能と サービス	❼ 新規事業の 料金と ペルソナ	❽ 販売計画と プロモー ション施策	❾ 競合他社 の 情報	❿ 後発でも 選ばれる 理由
⓫ 中長期的な ロード マップ	⓬ マーケ ティング 戦略	⓭ 初期投資の コストと リスト	⓮ 事業拡大後の プロジェクト 体制	⓯ 中期経営 企画の影響 について

ステップ①　基準の選択

　基準となる1枚の選択：最初に、残った10枚の対象のなかから1枚を選びます。例えば、「❼新規事業の料金とペルソナ」を選びます。他のテーマを選んでも構いません。ランダムに選んだ上記を "基準" と呼ぶことにします。

ステップ②　ペアの比較

"基準" 以外の残った9枚から、さらにランダムに1枚を選択し、"基準" とペアにして比較します。どちらか一つを「重要」と思う対象、もう一つを「重要ではない」と思う対象とするのです。

　ここでは、「⓮事業拡大後のプロジェクト体制」を選び、"基準" である「❼新規事業の料金とペルソナ」と重要度を比較します。これを9枚全てに対して繰り返し行えば、"基準" よりも「重要」な対象と "基準" よりも「重要ではない」対象に分けることができます。

ステップ③　結果の処理

"基準" よりも「重要」な対象の数を判断して、うまく5枚に絞れればそれでOKです。また、"基準" よりも「重要」な対象の数が4枚の場合は、その4枚に "基準" を加えた5枚で決まりです。

　しかし、"基準" よりも「重要」な対象の数が3枚以下の場合は、また比較することが必要になります。

　上記の例でも、「重要」だったのは「❻新規事業の機能とサービス」「❽販売計画とプロモーション施策」と「⓭初期投資のコストとリスト」でした。この場合、得られた「重要」な対象に "基準" を加えても5枚には足りません。

　今度は、残りの「重要ではない」と判断されたテーマから、新たに "基準" を選択して、上記のプロセスを繰り返します。このようにして、最終的に重要度の高い5枚を決定することができます。

　多くの対象を重要性に基づいて判断する一対比較法を使えば、最終的に10枚に絞り込むことができます。

スライドのレイアウトは "ちょっと物足りない" を心がける

余白は全体の4割程度を占めるように

突然ですが、質問です。

図3-1のBEFOREとAFTERのスライドはどちらのほうが見やすいでしょうか。おそらくはほとんどの人がAFTERと答えることでしょう。

BEFOREのスライドは漢字が多くて、文字も端から端までぎっしり詰まっています。余白もほとんどないので、読み手にとって見づらいデザインです。

一方、AFTERのスライドはBEFOREと比べて文字数と漢字の量も抑えながら、シンプルな文章表現です。上下左右の余白を十分に取ることで、直感的に読みやすいと感じられるデザインです。

BEFOREのスライドがなぜ見づらいかと言えば、一種の「視覚的ストレス」を生んでいるからです。視覚的ストレスとは、目に入る情報から受ける身体的・精神的ストレスのことです。極端な例には、たくさんの穴や点が集まっているとストレスを感じる「集合体恐怖症」があります。さすがに恐怖症とまではいかなくても、文字

が詰まった資料を見ると、個人差はあるものの「うっ」と圧迫感を覚えるような視覚的ストレスを感じてしまうものなのです。

　プレゼン資料の場合、初心者の多くは1枚のスライドに情報を入れ過ぎてしまう傾向があります。ですから、"ちょっと物足りない"ぐらいを心がけるとちょうどいいでしょう。資料に書かれた文字などの要素が少ないほど視覚的ストレスは軽減され、認知負荷も軽減するため、聞き手にとってわかりやすい資料になるというわけです。**"ちょっと物足りない"を実現するテクニックのひとつは、スライドに占める余白を全体の4割程度にすることです。**4割程度を余白にすることで、すっきりとした印象を保てるようになるからです。具体的には、左右で1割、上下で1割それぞれ余白を取り、その他の部分（行間や文字間などの余白）で調整するイメージです（図3-1参照）。

　余白には大見出しと本文の間、さらには字間、行間といったものも含まれます。もし上下左右で4割ほどの余白を取れなかったとしても、**その場合は意図的に大見出しと本文の間、字間、行間の余白を多くとるようにするとバランスが取れるはずです。**

図 3-1 読みやすいレイアウトの密度

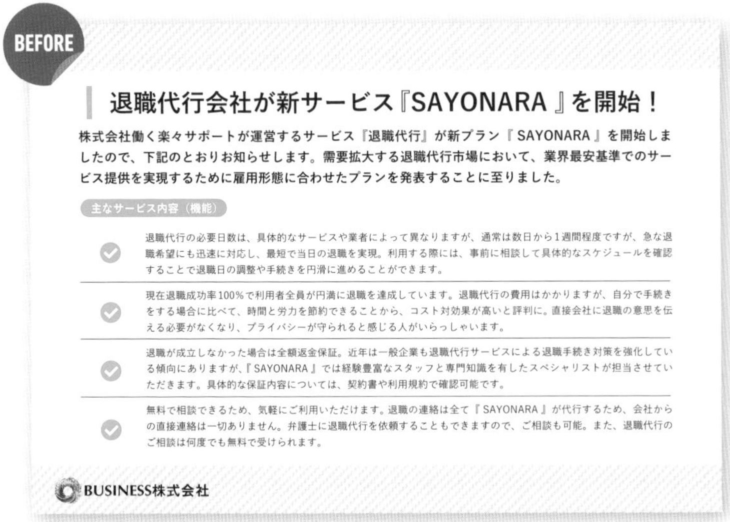

BEFORE

退職代行会社が新サービス『SAYONARA』を開始!

株式会社働く楽々サポートが運営するサービス『退職代行』が新プラン『SAYONARA』を開始しましたので、下記のとおりお知らせします。需要拡大する退職代行市場において、業界最安基準でのサービス提供を実現するために雇用形態に合わせたプランを発表することに至りました。

主なサービス内容(機能)

✓ 退職代行の必要日数は、具体的なサービスや業者によって異なりますが、通常は数日から1週間程度ですが、急な退職希望にも迅速に対応し、最短で当日の退職を実現。利用する際には、事前に相談して具体的なスケジュールを確認することで退職日の調整や手続きを円滑に進めることができます。

✓ 現在退職成功率100%で利用者全員が円満に退職を達成しています。退職代行の費用はかかりますが、自分で手続きをする場合に比べて、時間と労力を節約できることから、コスト対効果が高いと評判に。直接会社に退職の意思を伝える必要がなくなり、プライバシーが守られると感じる人がいらっしゃいます。

✓ 退職が成立しなかった場合は全額返金保証。近年は一般企業も退職代行サービスによる退職手続き対策を強化している傾向にありますが、『SAYONARA』では経験豊富なスタッフと専門知識を有したスペシャリストが担当させていただきます。具体的な保証内容については、契約書や利用規約で確認可能です。

✓ 無料で相談できるため、気軽にご利用いただけます。退職の連絡は全て『SAYONARA』が代行するため、会社からの直接連絡は一切ありません。弁護士に退職代行を依頼することもできますので、ご相談も可能。また、退職代行のご相談は何度でも無料で受けられます。

BUSINESS株式会社

初心者は多くの情報を伝えようとして文字をぎっしりと詰め込む傾向がある。しかし、これでは文字が小さくなって、視覚的ストレスが生まれている。

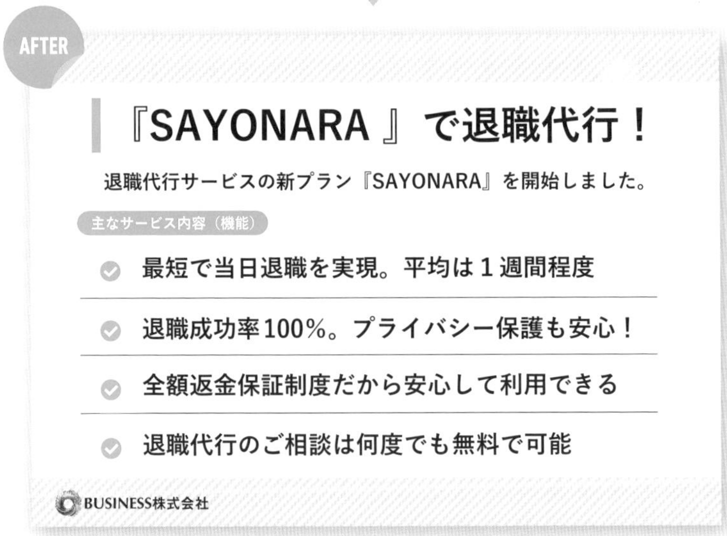

AFTER

『SAYONARA』で退職代行!

退職代行サービスの新プラン『SAYONARA』を開始しました。

主なサービス内容(機能)

✓ 最短で当日退職を実現。平均は1週間程度

✓ 退職成功率100%。プライバシー保護も安心!

✓ 全額返金保証制度だから安心して利用できる

✓ 退職代行のご相談は何度でも無料で可能

BUSINESS株式会社

スライド全体の面積のなかに余白を3〜4割ほどを確保したことで、すっきりとした印象に。文字自体も大きくなり、読みやすくなったことがわかる。

03

1枚のスライドには120字程度が理想

....

📄 人が1秒間に読める文字数は8.4文字

前項で1枚のスライドは"ちょっと物足りない"デザインが大切だと説明しました。いざ、スライドを作成するとなると、どのくらいの文字数を入れるか悩む人は多いのではないでしょうか。

第2章で紹介したデジタルサイネージによる実験では文字を読む速度の調査も実施しました。**1秒間に読める文字数は8.4文字という結果でした。**

日本人が1分間に読める文字数は400 〜 600文字と言われており、1秒間に換算すると約10文字という説ともおおよそ合致します。

ただ、これはあくまで「1秒あたり約8文字」を読めるということだけです。実際のプレゼンテーションでは、発表者の説明を聴きながら資料を見ることになります。聞き手に情報を咀嚼してもらう余裕を持たせることを考えると、1枚のスライドで2分間使用するときは、多くても120文字ぐらいに収めたほうがよいでしょう。**そうすれば1枚を15秒くらいで確認でき、残り時間を発表のコメントに聞き入ってもらうことができます。**

では伝えたい内容を120文字以内に絞るにはどうしたらいいのでしょうか。**方法は①文章を簡略化する方法と、②図や写真などビジュアルを使う方法の2つが挙げられます。**

②のビジュアルを使う方法は第4章で詳述することになるので、ここでは①文章を簡略化する方法に焦点を当ててお話を進めていきます。

例えば、図3-2は企業の新商品のプレスリリースに書かれた文章を抜き出したものです。これをそのままプレゼン資料として使ってもわかりづらいですよね。長い文章は聞き手にとって見やすい資料とは言えません。

そこで、要点を絞ってキーワードを選んでいきます。47ページで紹介した箇条書きを使うのがポイントです。

どんなスライドテーマであっても、事前に3〜5つのポイントを紹介すると決めておけば、ゴールが見えて資料作成の心理的負担はだいぶ抑えられるでしょう。図3-2では3つのポイントに設定しました。

箇条書きのキーワードは数字や固有名詞、あるいはインパクトのある言葉を選びます。もし5つ以上挙がったら、60ページで紹介した一対比較法で絞り込みましょう。最後に、ピックアップしたキーワードにそれぞれ「述語」をつけたり、体言止めで統一したりすれば完成です（図3-2参照）。文字数は120字以内に収まっており理想的と言えます。

プレゼン資料では聞き手に文章を読ませないという心がけも重要です。一瞬の見た目で理解できるシンプルな内容を作るのです。

図3-2 １枚のスライドの文字数

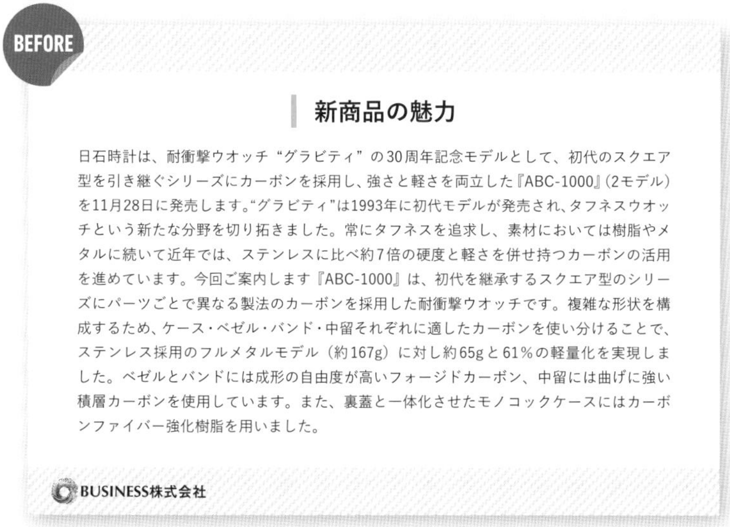

BEFORE

新商品の魅力

日石時計は、耐衝撃ウオッチ "グラビティ" の30周年記念モデルとして、初代のスクエア型を引き継ぐシリーズにカーボンを採用し、強さと軽さを両立した『ABC-1000』(2モデル) を11月28日に発売します。"グラビティ" は1993年に初代モデルが発売され、タフネスウオッチという新たな分野を切り拓きました。常にタフネスを追求し、素材においては樹脂やメタルに続いて近年では、ステンレスに比べ約7倍の硬度と軽さを併せ持つカーボンの活用を進めています。今回ご案内します『ABC-1000』は、初代を継承するスクエア型のシリーズにパーツごとで異なる製法のカーボンを採用した耐衝撃ウオッチです。複雑な形状を構成するため、ケース・ベゼル・バンド・中留それぞれに適したカーボンを使い分けることで、ステンレス採用のフルメタルモデル（約167g）に対し約65gと61％の軽量化を実現しました。ベゼルとバンドには成形の自由度が高いフォージドカーボン、中留には曲げに強い積層カーボンを使用しています。また、裏蓋と一体化させたモノコックケースにはカーボンファイバー強化樹脂を用いました。

◎ **BUSINESS株式会社**

文章がズラズラと並んだスライド資料。聞き手が文字を読むのに疲れて、逆に発表内容の理解を妨げる恐れもある。

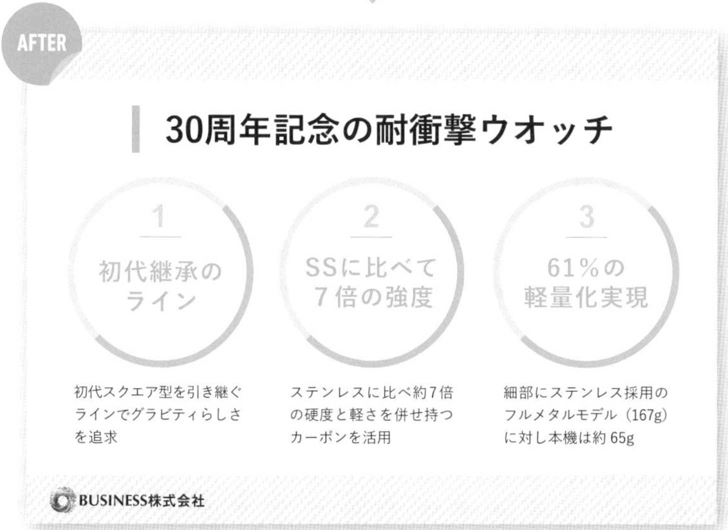

AFTER

30周年記念の耐衝撃ウオッチ

1 初代継承のライン	2 SSに比べて7倍の強度	3 61％の軽量化実現
初代スクエア型を引き継ぐラインでグラビティらしさを追求	ステンレスに比べ約7倍の硬度と軽さを併せ持つカーボンを活用	細部にステンレス採用のフルメタルモデル（167g）に対し本機は約65g

◎ **BUSINESS株式会社**

文字数を120字程度に削ったスライド資料。また、3つの項目に絞ることで視覚的に大事なポイントがよくわかるようになっている。

04

Zの形を意識して
文字をレイアウトする

....

見やすい資料は視線を上手く誘導する

　スライドに文字を配置するときに、人間の眼球の動き方（これを眼球運動といいます）の特徴を利用する方法があります。

　38ページで述べた通り、人間の目は横書きの文字を読むときには原則として左から右に動きます。右端までいったら左下に移り、そこからまた右に動く……という運動を繰り返します。デザインにこれを取り入れて考えれば、図3-3のように人の視線はZの形に動くという法則が成り立ちます。ですから、**視線のZの動きに合わせて、スライド資料に情報を載せる位置や全体のレイアウトを考慮すると、読み手にとって見やすくなります。**

　例えば、図3-4を見てください。一見すると、読みやすい資料に思えるかもしれません。ですが、BEFOREではタイトルを読んだあとに、スライドの一番下の要素に視点を移し、さらに上の要素を順に見ていかなければならないため、視線の動きがZの形から大きく外れることになって不自然な印象（＝違和感）が生じます。意図的であれば問題ないケースもあるでしょうが、ビジネス資料では避けるのが無難です。

　一方、AFTERのようにレイアウトを変えるとZの流れに沿って視線が動くことになるので、読み手はスムーズに内容を確認できます。Z型には他にもさまざまなレイアウトパターンがあります（図3-5参照）。プレゼン資料で役立つこと間違いなしなので参考にしてみてください。

　なお、**写真やイラスト、グラフを挿入したいときはスライドの左側の位置に入れて、文字は右側に入れるのが基本です**（図3-6参照）。先にアイキャッチとなる写真やイラスト、グラフを入れて、そのあとに文字で確認してもらうほうが読み手を引きつけやすくなるためです。もちろん、写真やイラストを大きく見せるために真ん中に入れることもあったり、レイアウトのバランスの問題もあったりするのでケースごとに対処する取り組みは必要です。

図3-3　資料を見るときの視線の動き

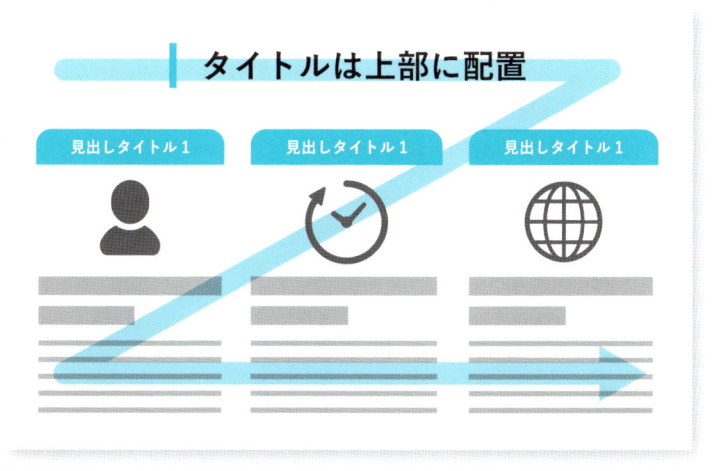

文字の大きいタイトルが最初に目に入り、そのあとにオブジェクトや下部の文字へと視線が動いていくのが基本だ。

図3-4 Ｚの形を意識したレイアウト

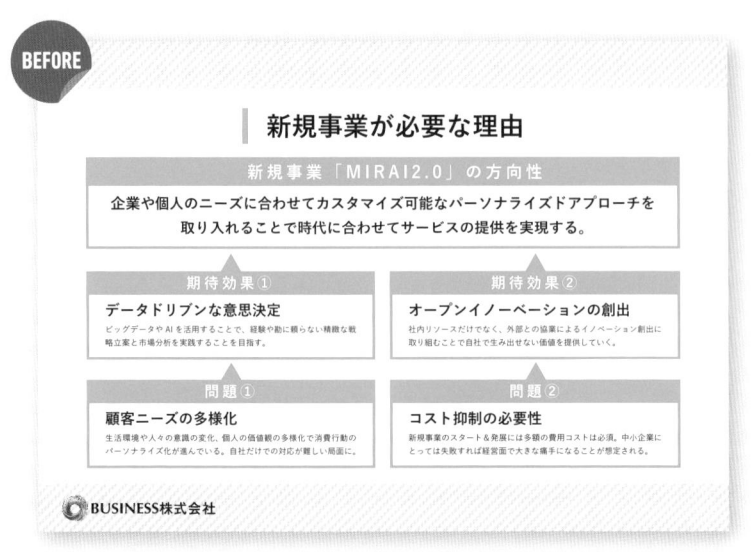

タイトルを読んだあとに、スライドの一番下の要素に視点を移し、さらに上の要素を順に見ていかなければならない。人の目の動きを考えてないレイアウトだ。

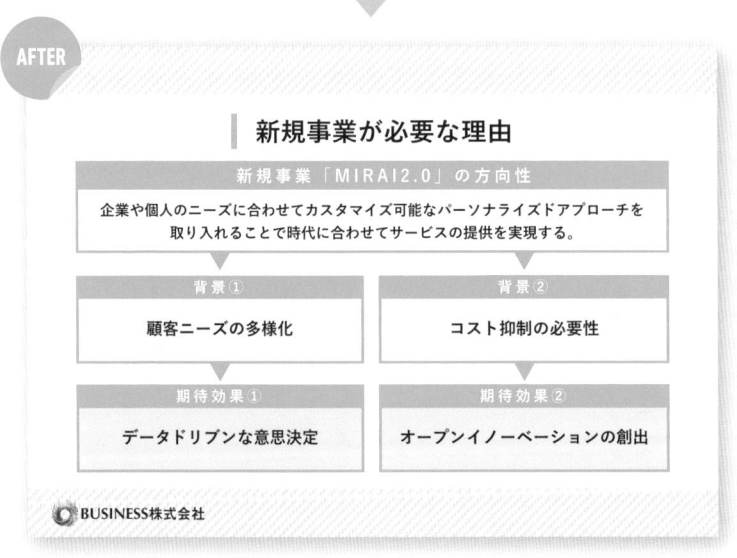

BEFOREの項目を上下入れ替えたレイアウト。スライド上部から順番に視線を誘導するＺ型の形になっているため見やすい。

図3-5 Z型のレイアウト基本パターン

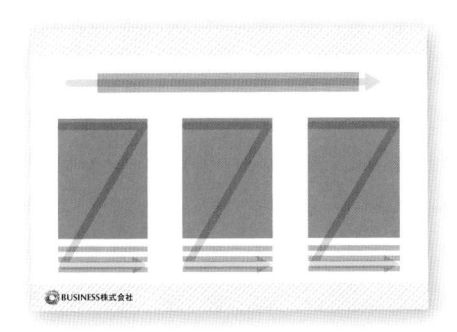
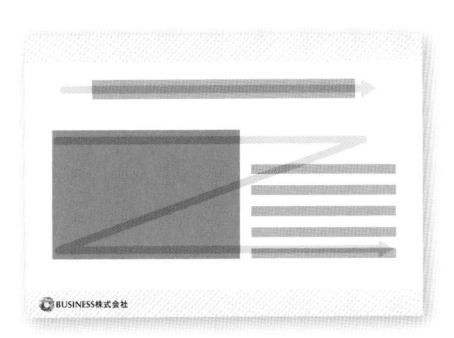

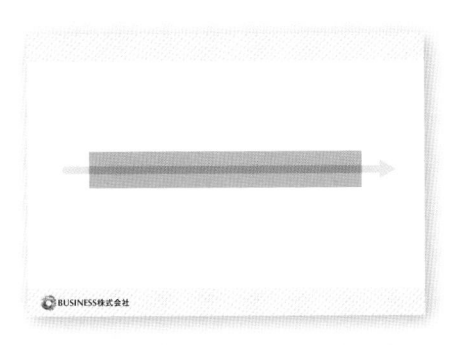

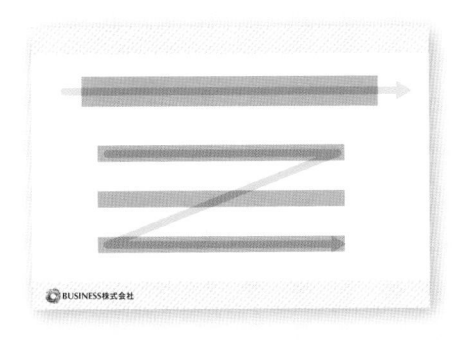
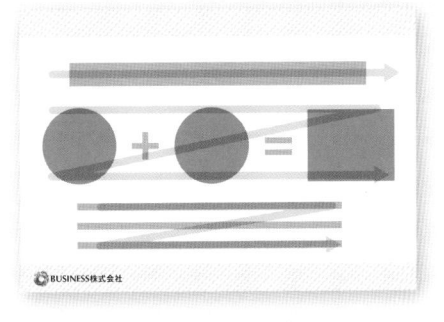

図3-6 グラフィック入りの Z 型レイアウト

グラフィック（グラフや表、写真）などを右側に入れたレイアウト。グラフィックが大きなアイキャッチとなるため、Z型の視線誘導にはなりづらい。

グラフィック（グラフや表、写真）と文字要素を入れ替えたレイアウト。グラフィックが左側に移動したことで、Z型に視線を誘導できている。

レイアウトは「重心」を意識して配置を決める

補助線を引いてバランスを見極める

　ビジネス資料は文章だけではなく、写真やイラスト、表などさまざまな素材で構成されます。それらをレイアウトするときに重要なのが、デザインの「重心」です。

　プレゼンは内容だけではなく、見た目もとても重要であることが次のような事実から明らかになっています。例えば、私が一緒に先進的な取り組みを進めるベンチャー企業では、さまざまな企業のプロジェクトを扱っており、詳細は明かせませんが、近年では「あるソフト」の画面デザイン改善のプロジェクトがありました。

　上記プロジェクトの結果を簡単に言えば、**ユーザーは見た目のよい画面デザインのほうが、そうでないものよりも使いやすいと一瞬で感じることが明らかになったのです**。極論をすれば、実際の使いやすさとは関係なく、ユーザーは即座に見た目の優れたデザインのほうが使いやすいと思ってしまうのです（これは第1章で述べた先行研究の結果と一致するものです）。

　見た目の優れたデザインを構成するにはさまざまな要素が必要で

すが、最も大切なのが「重心」です。ここでの「重心」とは一般的な重心の意味とは少し異なります。例えば、図3-7を見てください。

BEFOREは右側（特に右下）に余白を多く取っているのに対して、左側にはたくさんの素材が集まっていてあまり余白がありません。これは重心が左側に寄った状態ですので、多くの人の目には不自然に映ることでしょう。そこで、重心を整えるには、真ん中を基点にして要素を右側に移動するとともに右下部分を埋めるようにするのです。すると、AFTERのように見やすくバランスのよいデザインに仕上がります（図3-7参照）。

このように重心を整えるときにぜひ実践してほしいのが補助線を引くという行為です。図3-8のようにレイアウトのバランスは補助線を引くことで見極めやすくなるからです。

上記の例では、主に左右の重心が問題でしたが、重心が上下どちらかに偏り過ぎていたり、そもそも文章や写真、イラストといった要素の大きさが不揃いだったりというケースは少なくありません。そのときにも補助線を引くことで、重心の状態を把握して適切な位置（中央）に調整しやすくなるので、安定感のあるレイアウトを作ることができるようになります。

なお、重心を調整するときはすでにレイアウトされている文字や写真などを移動する方法のほかに、**①文字の大きさ、②対象物の色、③対象物の面積で解決できることもあります**。文字は大きければ重く、色は濃ければ重く、面積は広ければ重く感じる傾向になります。この特性を生かすことで重心をリバランスできるはずです。

図 3-7　レイアウトの重心

BEFORE

Cafeアプリ「smart Cafe」

スマートフォンアプリ「smart Cafe」は、スマホのビッグデータを活用した画期的なアプリです。土日の混雑する時間帯でもカフェ難民になることを防いで、楽しいカフェタイムを過ごすことをサポートします。

 主なサービス内容（機能）

- ✓ ご来店前にアプリから
  お店の混雑状況を確認できる！
- ✓ キャッシュレス決済（クレジットカード・
  各種電子決済対応）でらくらく支払い！
- ✓ お得なクーポンの配布、ポイント活動で
  お得にドリンクをゲット。
- ✓ 領収証発行（インボイス制度対応済み）
  機能を搭載。

リリース
1カ月で
50万
ダウンロード！

◉ BUSINESS株式会社

右側、特に右下に余白を多く取っている一方で、左側にはたくさんの素材が集中している。重心が左側に寄っており、多くの人が違和感を覚える。

AFTER

Cafeアプリ「smart Cafe」

スマートフォンアプリ「smart Cafe」は、スマホのビッグデータを活用した画期的なアプリです。土日の混雑する時間帯でもカフェ難民になることを防いで、楽しいカフェタイムを過ごすことをサポートします。

主なサービス内容（機能）

- ✓ ご来店前にアプリから
  お店の混雑状況を確認できる！

- ✓ キャッシュレス決済（クレジットカード・
  各種電子決済対応）でらくらく支払い！

- ✓ お得なクーポンの配布、ポイント活動で
  お得にドリンクをゲット。

リリース
1カ月で
50万
ダウンロード！

◉ BUSINESS株式会社

資料の真ん中部分を重心の基点と考えて、文字やグラフィック要素を右側に移動。結果、見やすくバランスの良いデザインに変わった。

図3-8 補助線の引き方

Cafeアプリ「smart Cafe」

スマートフォンアプリ「smart Cafe」は、スマホのビッグデータを活用した画期的なアプリです。土日の混雑する時間帯でもカフェ難民になることを防いで、楽しいカフェタイムを過ごすことをサポートします。

リリース
1カ月で
50万
ダウンロード！

主なサービス内容（機能）

✓ ご来店前にアプリから
　お店の混雑状況を確認できる！

✓ キャッシュレス決済（クレジットカード・
　各種電子決済対応）でらくらく支払い！

✓ お得なクーポンの配布、ポイント活動で
　お得にドリンクをゲット。

✓ 領収証発行（インボイス制度対応済み）
　機能を搭載。

◎ **BUSINESS株式会社**

スライドを均等に４分割するように、縦と横に補助線を入れるとデザインの重心を把握しやすくなる。上記では、左側に要素が集まっていることを実感できるはずだ。

資料デザインで使う色は 3つまでに抑える

2色以上は反対色を使う

　色の使い方は、デザインを苦手とする人が特に苦戦しやすい分野です。使用する色やその数を感覚で決めてしまっていいと思っている人もいるかもしれません。しかし、色自体が聞き手にとって重要な情報のひとつであるため、文章と同じように論理的に用いる必要があります。

　まずビジネス資料では、色の種類は3つまでが原則です。**4つ以上の色を使用すると、デザインの統一感が失われますし、大事なポイントを強調するというそもそもの効果も半減するからです。**

　ひとつの色を使用する場合は、スライドのなかで聞き手（読み手）の注意を引きたい部分に使用するとよいでしょう。図3-9では"デザイン心理学講座"の内容を説明したスライド資料ですが、特に注目してもらいたい第1回目を赤字に着色することで強調しています。1枚のスライドに使用する色の割合は1割以下が理想なため、ワンポイント感覚で着色するとよいでしょう。

　また、心理学の観点から、色が与える印象を意識して使用するとより資料が洗練されます。図3-9では、"弊社新製品"の最大セー

ルスポイントである"エコな製品"を想起させるために緑を使用しています。

色が与える心理的効果

赤色	危険、情熱や活力、重要性
黄色	元気、楽しさ
緑色	自然、裕福、エコ（環境に良い）
青色	落ち着き、信頼、エコあるいはクリーンな（環境に良い）
紫色	高貴、神秘的、非常に危険

　一方、**2色以上を使う場合は、「反対色」を意識しましょう。**

　ここでは詳細は述べませんが、人間が感じる全ての色は赤、緑、青、黄の4種の色（これらを基本色と呼びます）で表現することができるという事実があり、それを基に構築されたのが「反対色説」という色覚理論です。

　反対色説の要点は次の通りです。4種の色の見え方には大きな特徴があり、赤と緑もしくは青と黄の組み合わせの場合、同時にその色みを感じることはできません。つまり、赤みのある緑とか黄みのある青などの色はあり得ません。このときの赤と緑もしくは青と黄の組み合わせを反対色と呼びます。

　反対色の使い方の基本は、「色相環」を参照するとわかりやすいでしょう（図3-12参照）。色相環は色相を円環状に配置したもので、各色相の相対的な関係がわかります。正反対に位置する色同士が補色の関係で、最も色相のコントラストが強くなります。図3-12を見ると、反対色の2つのペア（赤と緑のペアおよび青と黄のペア）は、それぞれ色相環で向き合う位置（青と黄のペアは正反対の位置ではあり

ませんが）となっていて色相のコントラストが強いため、これらの反対色のペア同士を組み合わせると効果的に目立たせることができるのです。

図3-10を見てください。BEFOREでは色を3色（赤、緑、黄）使っています。しかし、このスライドの情報量に比して、3色は多過ぎます。結果、スライドの焦点（＝伝えたいこと）がぼやけて散漫な印象になっています。また、白の背景に対して黄を使っていますが、コントラストが低くなるため、あまり目立つ効果が生じません。無駄な色使いです。

一方、AFTERでは反対色のペアである赤と緑の2色だけしか使っていませんが、聞き手（読み手）の注意を引きたい重要な部分のみに色使いを限定することで、シンプルでありながらも効果的に目を引くプレゼン資料を作ることができています。

次に図3-11を見てください。BEFOREでは、AからDの4社をそれぞれ別の色で表現していましたが、会社の違いを強調する意図がないのであれば別々の色で表現する必要はありません。4色も使用すると、それだけで散漫な印象になってしまいます。一方AFTERでは、特に強調する必要のある会社だけ（この場合は仮にB社）に色を使い、他は無彩色の灰色として色使いを抑えました。

また、BEFOREでは、縦軸の両極に黄色を使うというあまり意味のない方策が取られていましたが、縦軸と横軸の好ましい方向を強調するという意味で「導入までが速い」および「サポートが充実している」に黄色を使うようにしました。最後に、"顧客の購買決定要因"という強調したい語句を赤にして聞き手（読み手）の注意を引くことを意図しています。

図3-9 色の使い方の基本

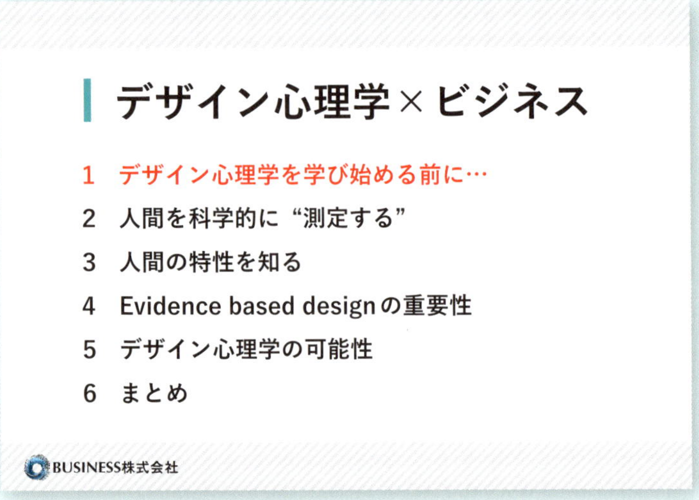

▍デザイン心理学 × ビジネス

1 デザイン心理学を学び始める前に…

2 人間を科学的に "測定する"

3 人間の特性を知る

4 Evidence based design の重要性

5 デザイン心理学の可能性

6 まとめ

◉BUSINESS株式会社

1枚のスライドに使用する色の割合は1割以下が理想。ワンポイントで色を使うことで、強調したい個所を目立たせる。

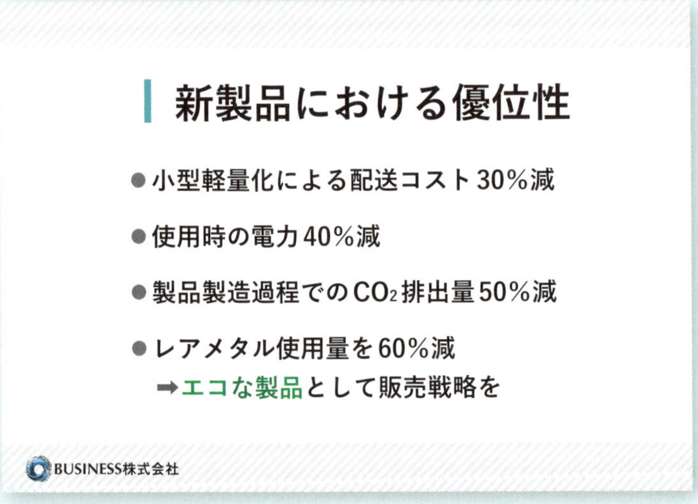

▍新製品における優位性

● 小型軽量化による配送コスト30%減

● 使用時の電力40%減

● 製品製造過程でのCO_2排出量50%減

● レアメタル使用量を60%減
  ➡ エコな製品として販売戦略を

◉BUSINESS株式会社

赤色は注意を引く効果があるが、プラスのメッセージには適さない場合もある。上記では "エコな製品" を聞き手（読み手）に印象付けるために "エコ" を想起させる緑色を使用した。

図3-10 ３色以上の色の使い方 ①

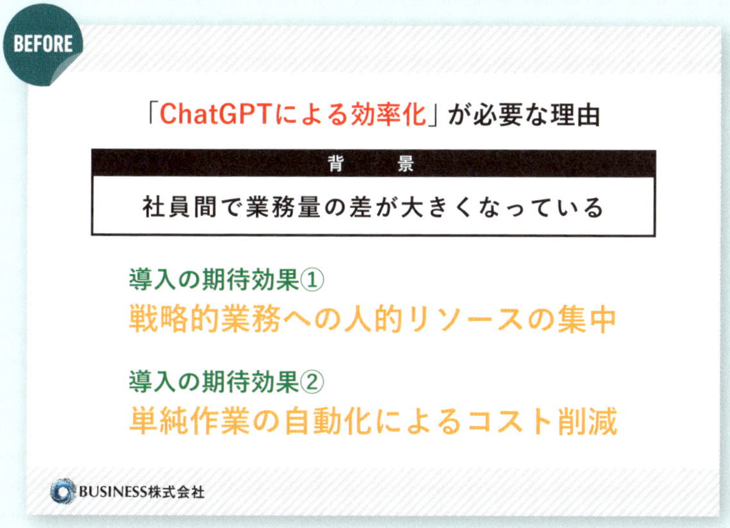

BEFORE

「ChatGPTによる効率化」が必要な理由

背　　景
社員間で業務量の差が大きくなっている

導入の期待効果①
戦略的業務への人的リソースの集中

導入の期待効果②
単純作業の自動化によるコスト削減

🔷 BUSINESS株式会社

1枚のスライドに３色を使用したNG例。にぎやかな印象を受ける一方で、スライドの焦点＝伝えたい内容がぼやけてしまっている。

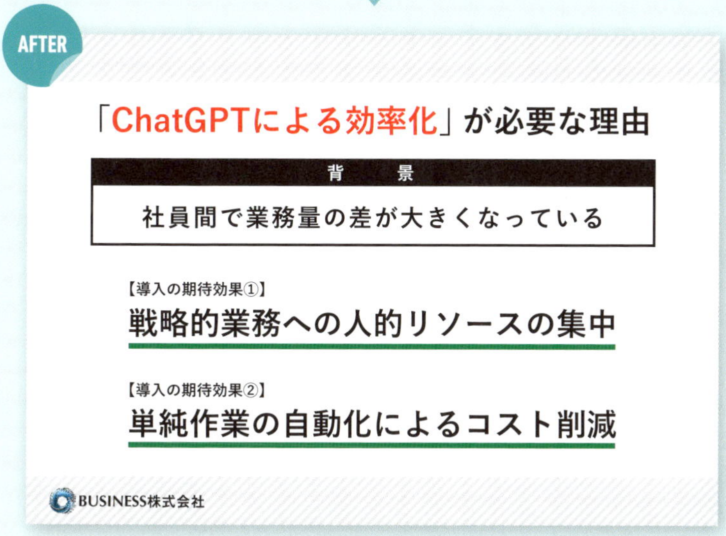

AFTER

「ChatGPTによる効率化」が必要な理由

背　　景
社員間で業務量の差が大きくなっている

【導入の期待効果①】
戦略的業務への人的リソースの集中

【導入の期待効果②】
単純作業の自動化によるコスト削減

🔷 BUSINESS株式会社

聞き手（読み手）の注意を引きたい重要な部分のみに反対色のペアである赤と緑の２色を使用。シンプルかつ効果的な色使いになった。

図3-11 3 色 以 上 の 色 の 使 い 方 ②

BEFORE

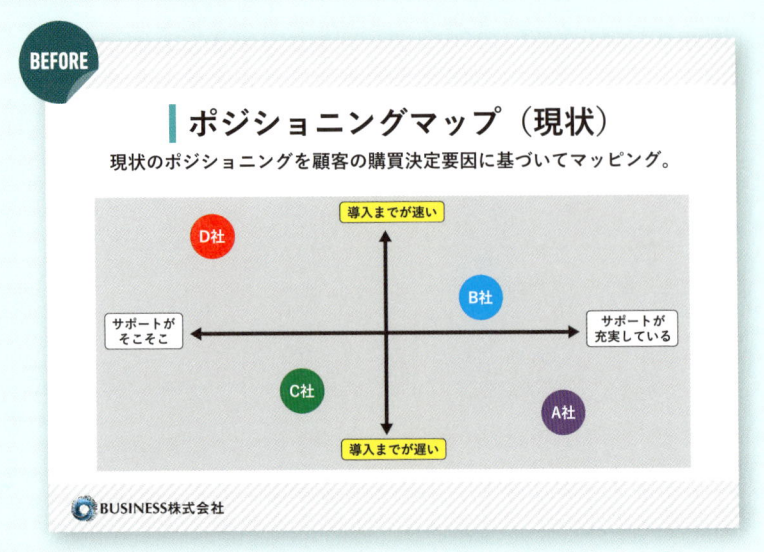

A から D の 4 社を別の色で表現したマトリックス図。しかし、会社ごとに異なる色を使用しても大きな効果にはつながっておらず、無駄な色の使用といえる。

AFTER

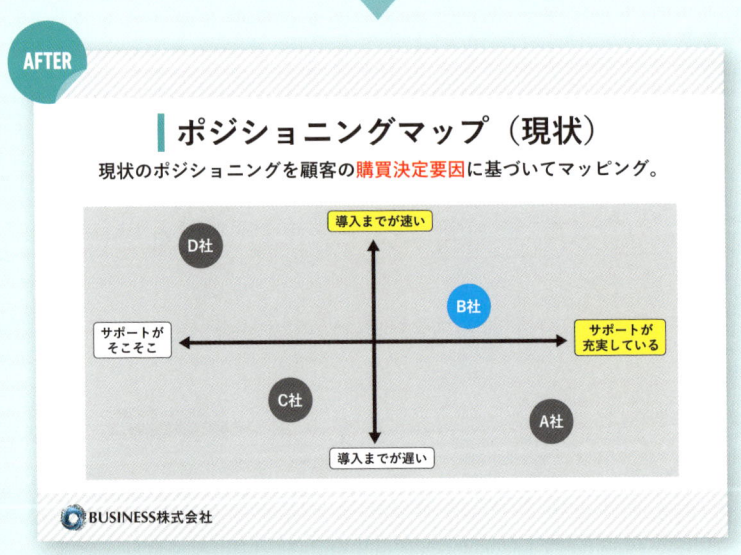

BEFORE では5色を使用していたが、AFTER は3色の使用にまで抑制。縦軸と横軸の好ましい方向を強調しつつ、特定の会社に色をつけることで全体的に引き締まった印象に。

図3-12 色相環の基本

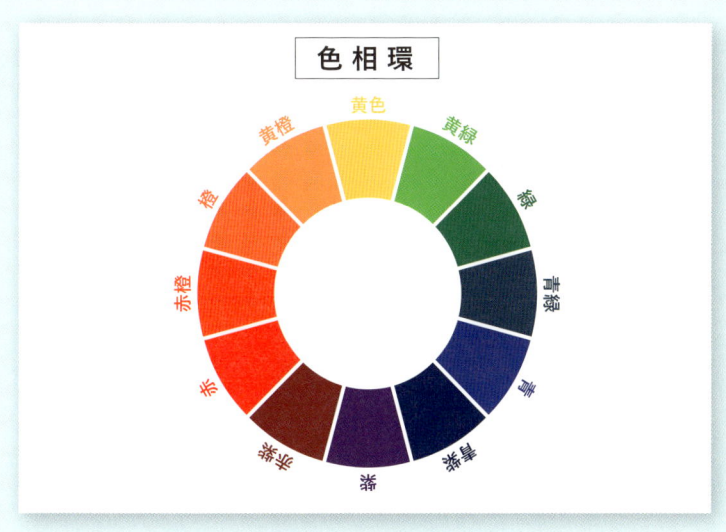

色相を円環状に配置し、各色相の相対的な関係を表すのが「色相環」。図中の赤と緑および青と黄が2つの反対色のペアで、色相のコントラストが強い。

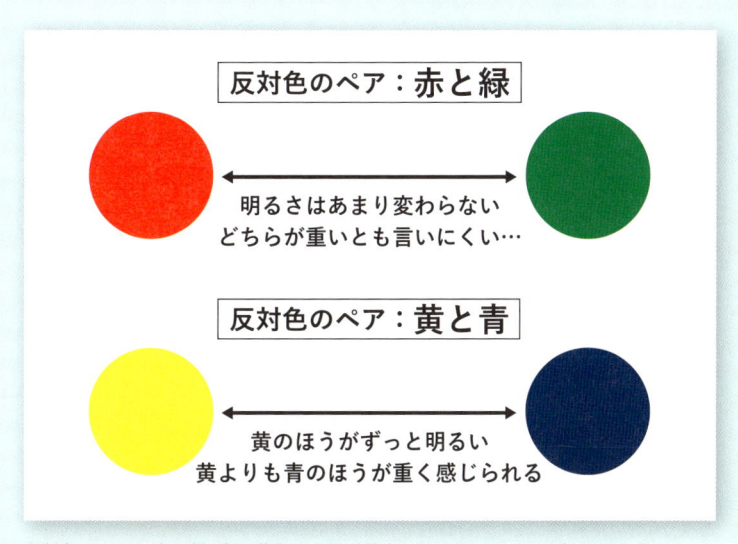

反対色のペアは赤と緑、青と黄色の2組が基本。それぞれのペアは色の明るさによって重みが変わるため、その点でも使い道は変わってくるだろう。

反対色とグラデーションは「重み」で判断する

色数を使いたいときはグラデーションが便利

　前項でお話した反対色についてもう少しお話しましょう。**色には "重く感じる色" と "軽く感じる色" の2種類が存在します。**

　基本的に、人間は暗い色は重く、明るい色は軽く感じます。同じ色でも、明るい色なら軽く、暗い色なら重く感じます。このように、人間の感じる重さは物理的な側面だけではなく、視覚的な側面からも影響を受けるというわけです。

　そして、視覚的な重みの差を利用してデザインする方法があります。**"重く感じる色" を文字にして "軽く感じる色" を背景にする、あるいはその逆に "軽く感じる色" を文字にして "重く感じる色" を背景にすることで、視認性が高まって見やすい資料デザインを作ることができるのです。**

　例えば、反対色のなかでは、黄が最も明るく感じる色ですが、青は比較的暗く感じる色です。一方、赤と緑はあまり明るさに違いは感じられません。そのため、黄の背景に青の文字、あるいは青の背景に黄の文字とすると視認性の高いデザインとなります。ただ、上記の通り、同じ反対色のペアでも、赤と緑はあまり明るさに違いが

ありませんので、そのような使い方はしないほうがよいでしょう。

　一方、**どうしても色数を多く使いたい場合におすすめなのが、同色に濃淡をつけて表現したグラデーションです。**図3-13のように、グラデーションはひとつの色に濃淡をつけるため、奥行や立体感を表現することができます。見た目に統一感が生まれるので、「資料にまとまりを感じない」「品のあるデザインにしたい」といったときの対策に効果的です。

　続いて図3-14のBEFOREとAFTERを比べてみてください。タイトル部分にグラデーションを使っているか否かの違いしかありません。BEFOREでは、タイトルの文字と背景に反対色のペアである赤と緑が使われているものの、色の明るさが同じくらいであるために文字が読みにくいデザインです。やや重々しい印象となってしまっています。

　一方、AFTERでは、色のグラデーションによって文字を読みやすくしたことで、デザインに軽快なリズム感が生じています。

　このようにグラデーションをつけることは視覚的に違いを大きく表現できるため、図や表などに応用することもおすすめします。

　ビジネスパーソンの皆さんはここで紹介したテクニックを最低限でも使えるようになれば、読み手に伝わるデザインに昇華できるはずです。

図3-13 グラデーションを使ったデザイン

BEFORE

成功するための営業３ステップ

営業面では大きく以下の３つのステップに基づいて、
チーム全体で顧客満足度を高めます。

STEP 1 2025年6月〜	STEP 2 2025年7月〜	STEP 3 2025年8月〜
営業開始	マーケティング戦略の実行	販売データの分析と改善
グランドオープンイベントの開催を実施。ここまでにスタッフの教育を修了させておく。	SNS広告キャンペーンの開始。インフルエンサーを活用して認知度をより向上させる。	売上データの定期的な分析を開始。顧客フィードバックの収集と改善策の実行をまとめる。

BUSINESS株式会社

営業業務のフローを表したスライド資料。悪くないように見えるが、品を感じられず、野暮ったい印象を受ける……。

AFTER

成功するための営業３ステップ

営業面では大きく以下の３つのステップに基づいて、
チーム全体で顧客満足度を高めます。

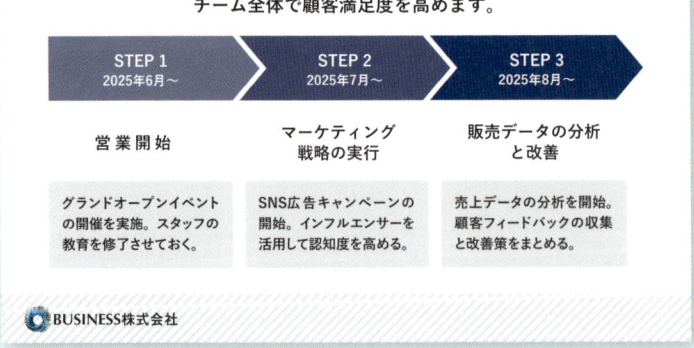

STEP 1 2025年6月〜	STEP 2 2025年7月〜	STEP 3 2025年8月〜
営業開始	マーケティング戦略の実行	販売データの分析と改善
グランドオープンイベントの開催を実施。スタッフの教育を修了させておく。	SNS広告キャンペーンの開始。インフルエンサーを活用して認知度を高める。	売上データの分析を開始。顧客フィードバックの収集と改善策をまとめる。

BUSINESS株式会社

フローを示す個所にグラデーションを施した。視線の誘導効果が生まれるため、聞き手に見やすいデザインに昇華されている。「品のあるデザインにしたい」ときはむやみに多色使いしないのがポイントだ。

図3-14 反対色を使ったデザイン

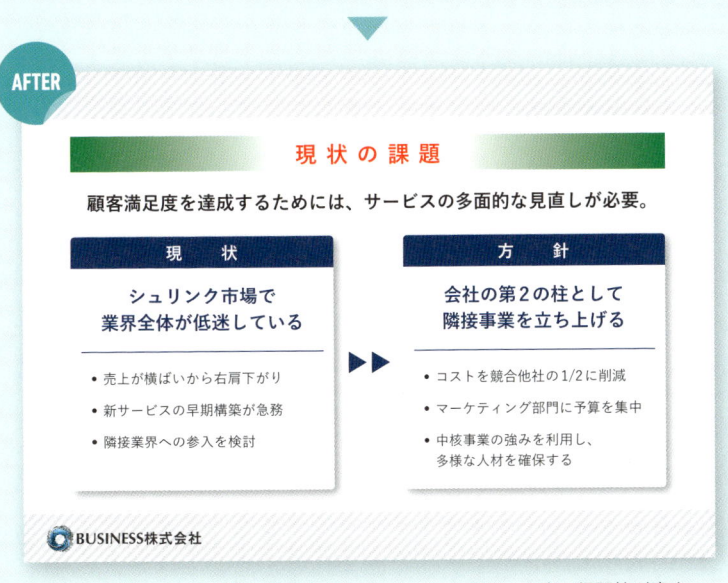

BEFORE

現状の課題

顧客満足度を達成するためには、サービスの多面的な見直しが必要。

現　状

シュリンク市場で
業界全体が低迷している

- 売上が横ばいから右肩下がり
- 新サービスの早期構築が急務
- 隣接業界への参入を検討

▶▶

方　針

会社の第2の柱として
隣接事業を立ち上げる

- コストを競合他社の1/2に削減
- マーケティング部門に予算を集中
- 中核事業の強みを利用し、
  多様な人材を確保する

◉ BUSINESS株式会社

タイトルの文字と背景に反対色の赤と緑を使用。色の明るさがどちらも同じくらいなため、文字が読みにくくなってしまっている。

AFTER

現 状 の 課 題

顧客満足度を達成するためには、サービスの多面的な見直しが必要。

現　状

シュリンク市場で
業界全体が低迷している

- 売上が横ばいから右肩下がり
- 新サービスの早期構築が急務
- 隣接業界への参入を検討

▶▶

方　針

会社の第2の柱として
隣接事業を立ち上げる

- コストを競合他社の1/2に削減
- マーケティング部門に予算を集中
- 中核事業の強みを利用し、
  多様な人材を確保する

◉ BUSINESS株式会社

BEFOREからタイトル部分の背景をグラデーションに変更。文字の視認性が高まったうえに、軽快なデザインに昇華されている。

「終わり」を示す
デザインに聞き手は
安心感を覚える

私たちは不確実な状況にストレスを感じる

人間は不確実な状況にストレスを感じる生き物です。実際、脳の神経科学に関する研究によって、不確実性が高い状況ではストレス反応を引き起こす脳の部位や神経回路が活性化することがわかっています。

例えば、皆さんは病院や銀行、レストランなどで順番待ちをしているとき、いつ案内されるのかわからない状況でイライラしたことはないでしょうか。

こういった心理状況はプレゼンのシーンにも当てはまります。発表がどのくらいで終わるのか、現在はどの程度まで進んでいるのかといった情報がわからなければ、聞き手は不安感を抱いてしまうものです。**どんなに素晴らしくて役立つプレゼンでも、終わりが見えないまま長く続けば、最終的には「長いプレゼンだったね」という印象で終わってしまうのがオチです。**

人間は常に自分の予測通りになることを望む生き物です。言い換えれば、私たちは不確実な状況に対して心理的・生理的に強いストレスを感じる傾向があるということ。プレゼンにこの論理を当ては

めれば、できる限り聞き手（読み手）に不安感を生じさせないことが好意的な反応を引き出すコツなのです。

　不安感を取り除くためにできることのひとつは、全体の分量と現時点の進み具合をプレゼン資料のスライド上で示すことです。「終わり」を示すことで聞き手に安心感を与えるのです。

「終わり」を示す方法にはいろいろあります。

　例えば、スライドの最下部に全体のページ数と現在のページ数を「**3/10**」という形で示しておく方法もあれば、スライドの最下部に横長のゲージを入れて、「**現在は全体の30％まで来ている**」とわかるようにしておく方法もあります（図3−15参照）。

　また、プレゼンで話す内容を最初に箇条書きで示しておき、話題の転換のときにはその箇条書きのスライドを再度示して「次はこの内容を話します」と伝えておくといった方法も考えられます。

　あらかじめ「終わり」を示しておけば、聞き手（読み手）がどれくらいで終わるかが予想できて、安心して話を聞いてもらうことにつながります。ほんの些細なことですが、人間の印象は"ほんの些細なこと"で大きな違いが生じることを意識してください。

図3-15 終わりと現在地を示すデザイン

方法①

スライドの最下部に現在のページと全体のページ数を示す最も簡単な方法。デザインにこだわりたい場合は、横長のゲージを入れて、「現在は全体の30%まで来ている」ことを視覚的に表すのも方法のひとつ。

方法②

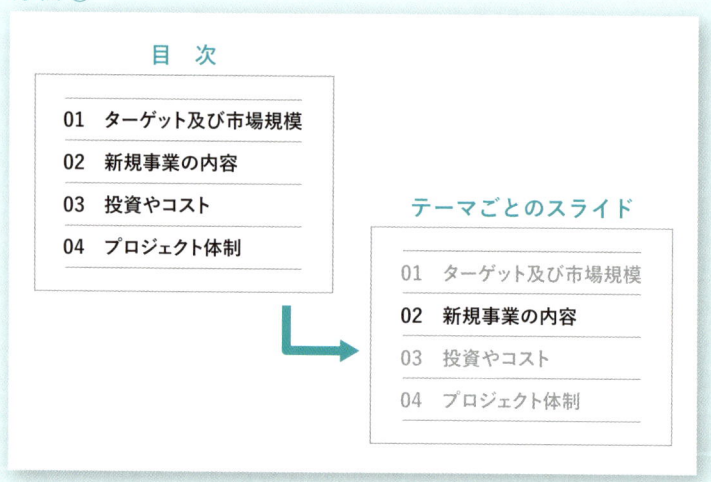

表紙のあとに目次（アジェンダ）を入れることで聞き手に全体の分量を伝えることができる。さらに、テーマが切り替わるタイミングで目次のスライドを再度示して「次はこの内容を話します」と伝えると親切なプレゼンになる。

一貫性のあるデザインで理解力を促進させる

「類同の法則」で見やすさが生まれる

プレゼン資料には一貫性を持たせることが大切です。

人間は、視覚的に同じ特徴を共有する要素を無意識にグループやセットとして理解します。心理学では、これを「**類同の法則**」といいます。

「類同の法則」においては、全く同一にする必要はありませんが、同じグループの一部として認識されるように、色、形、サイズなどの目に見える特徴を少なくともひとつは合わせるとよいでしょう。

特にプレゼン資料の一貫性を保つために、ビジネスパーソンが気をつけるべき点は次の通りです。

❶ 統一したスライドデザイン
❷ タイトルと本文のフォントの種類とサイズ
❸ 色と色数
❹ 箇条書きの行頭記号

その他、アニメーションで使用する効果の種類、スライドの画面切り替えの種類など

図3-16 一 貫 性 を 出 す た め に 気 を つ け る ポ イ ン ト

上記のように最低４つのポイントを押さえれば資料全体に統一感が出るので意識して取り組もう。

　上記のなかでも、私のこれまでの経験からすると、**独自に統一したスライドデザインを用いることが、一貫性を感じさせる最善の方法であると考えます。**

　その他、プレゼン資料全体に一貫性を持たせるための要素を配置することもおすすめです。自社のロゴを全ページに入れたり、コーポレートカラーを最初から最後まで使ったりすれば、資料全体に一貫性を持たせることができますので、聞き手の安心感や好印象につながることは間違いありません。繰り返しになりますが、人間の目はちょっとした違いを敏感に捉えるものです。

第 4 章

時間をかけずに
サクサク作る
グラフと図解のルール

人は文字よりも図表やイラスト、写真から高い情報性を得る

....

📑 聞き手の記憶にも圧倒的に残りやすい

　人間の脳は、視覚情報を処理する能力が非常に高いという特徴を持っています。私たちがあるモノをパッと見た瞬間に、脳は高速で情報処理することで、そのモノを認識して記憶することがわかっているのです。

　論より証拠。図4-1を見てください。

　写真からどんな情報が得られるでしょうか。「学校で授業をしている」「子どもが3人いる」「左の子が手を挙げている」といったことや、人によっては「時刻は2時50分だ」といった細かいことまで読み取れるでしょう。しかし、これを文章で伝えようとすると、多くの文字を用いて説明をしなければならず、見た目にも読む気にはなりません。

　このように、文章だと理解に時間がかかってしまう内容を、イラストや写真では瞬間的に伝えられるというメリットがあります。

　事実、『ブレイン・ルール』（東洋経済新報社、2020年）の著者・ジョン・メディナ氏の研究によれば、文字と言葉だけによるプレゼンは、写真や画像を用いたプレゼンに比べて著しく記憶に残りづらいこと

がわかっています。

　**文字と言葉だけで伝えた内容は72時間後には10%しか記憶に
残っていないのに対して、写真や画像を加えると65%が記憶に残
るという研究結果が公表されているのです**。イラストや写真のよう
な画像情報は論理的に処理されるのでなく、直感的に受け止められ
る情報です。デザイン心理学の観点で言えば、内臓感覚レベルで処
理されるため、記憶に残りやすいと説明できるでしょう。

　また、第3章では1枚のスライド当たりに記載する理想的な文字
数は120文字だと話しました。プレゼン資料は長文での説明には適
していませんので、写真や図解などのビジュアル要素を効果的に使
用することが求められます。**言い換えれば、いかにシンプルに作れ
るかが勝負どころとも言えます。**

　ですから、複雑な物事や因果関係などを扱う場合は、できる限り
イラストや写真を使うことで高い情報性を聞き手に提供しつつ、文
字数を最小限に抑えることを意識しましょう。ムダな情報をそぎ落
として聞き手（読み手）の受け取る情報量を最適化するのです。

 **「二重符号化理論」による研究結果**

　認知心理学者アラン・ペイビオ氏によって発表された「二重符号化理
論」という古典的な学説があります。二重符号化理論では、人間の記憶
は言語的な情報処理による言語的システムと、視覚イメージを生成する
非言語的システムから構成されると仮定。研究では、ある語を文字とし
て見せられてそのまま記憶するよりも、絵を見せられて、その名前を記
憶するほうが、思い出せる確率がほぼ2倍になるという結果が明らかに
されています。これはジョン・メディナ氏の研究結果と一致します。

図4-1 画像と文字の情報量

BEFORE

学校で数学の授業中。先生が子ども3人を前に黒板に図形などを描き説明している。左側の男の子が手を挙げて先生に質問し、先生がそれに対して答えている。右側の男の子は授業の内容をあまり理解できていないようだ。

多くの文字数が必要となってしまい、シンプルな体裁が求められるプレゼン資料とは相性が悪い。プレゼン資料では写真や図などを適宜使用することで情報性を高める必要がある。

AFTER

上記の文章を示したイラスト。グラフィック化した情報は一瞬で物事の状況を把握できる。

文字とグラフィックを使い分けるたったひとつの基準

 グラフィック化には適さないものも……

　プレゼン資料に載せる情報量を維持しつつ文字量を減らすためには、イラストや写真、図表（以降、3つを総称してグラフィックとします）を積極的に使うべきだと先述しました。

　ただし、すべてのことをグラフィックで説明できるわけではありません。そのため、プレゼン資料作りに慣れていない人のなかには、どの部分をイラストや写真で説明すればよいのか判断に迷う人もいるかもしれません。

　グラフィックにする判断基準は、誰でも認識できるデータや形に変更（＝見える化）できるかどうかです。

　例えば、数字の推移や割合であればグラフで表すことができます。文字で「ある調査でAと回答したのは全体の30％、Bと回答したのは17％、Cと回答したのは13％……」と書くよりも、円グラフを使って示したほうが、ひと目で項目の多寡がわかります（図4−2参照）。

　また、物事の手順や関係性などを示すときもグラフィックが理想的です（図4−3参照）。商品の販売戦略であれば、フローチャートで

①現状分析、②改善案の検討、③訴求案の検討、④広告媒体の決定、⑤商品の販売といったように示すことができます。上記の工程を文字だけで説明しようとすると長文になってしまい、読み手が理解しやすいとは言えません。

　他にも、商品イメージや操作マニュアルといったことは写真やイラストで提示できれば、文章で伝えるよりも聞き手に理解してもらいやすいことはおわかりいただけるでしょう。

　気をつけなければならないのは、やみくもにすべてをグラフィック化すればいいわけではないということです。

　例えば、学術的な専門用語や技術的な情報などはグラフィック化には適しません。

　なぜならこれらは複雑で詳細な内容を含んでいることが多いうえに、理解するには専門的な知識や背景情報が必要となることもあるため、全てを一目で理解できるように簡潔にグラフィック化することは不可能だからです。

　学術的な専門用語や技術的な情報などはそのままグラフィック化しようとするのではなく、関連した具体事例や活用例を文字で説明しながら、部分的にグラフィック化して工夫するのが効果的です。

図4-2 グラフィック化で理解を高める①

BEFORE

Z世代の社会的課題への意識調査

・若者マーケティング研究機関「SHIBUYA109 lab.」は、15〜24歳のZ世代を対象に「Z世代のSDGsと消費に関する意識調査」を実施した（2022年）。「すごく関心がある」を含めて「関心がある」が合計56.8%で「どちらともいえない」は23.5%。「あまり関心がない」は11.0%で「まったく関心がない」の8.8%を含めると20%弱の結果となった。

BUSINESS株式会社

グラフで表すことができる数字の推移や割合を文字で表現してしまうと、それだけで資料がわかりづらくなる。

AFTER

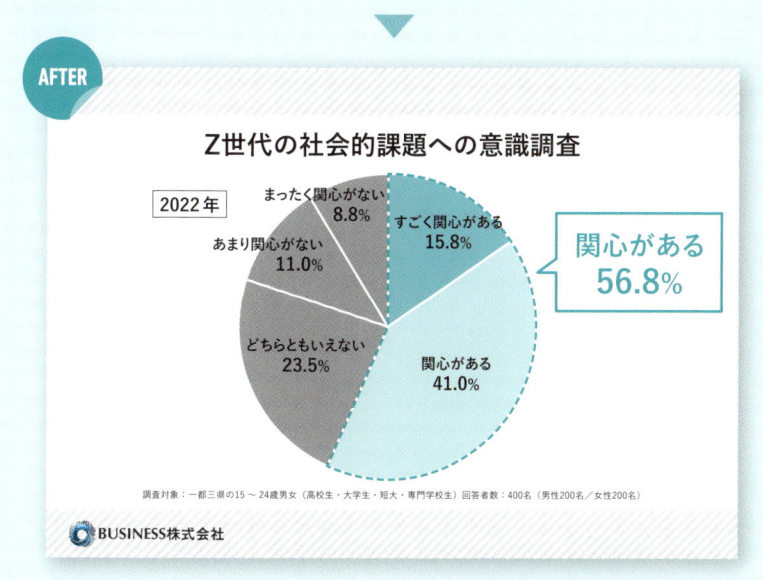

Z世代の社会的課題への意識調査

2022年

まったく関心がない 8.8%
あまり関心がない 11.0%
すごく関心がある 15.8%
どちらともいえない 23.5%
関心がある 41.0%

関心がある 56.8%

調査対象：一都三県の15〜24歳男女（高校生・大学生・短大・専門学校生）回答者数：400名（男性200名／女性200名）

BUSINESS株式会社

上記を円グラフで表示することで全体に占める特定の割合を視覚的に理解できる。ここでは「関心がある」層が56.8%だとよくわかる。

図4-3 グラフィック化で理解を高める②

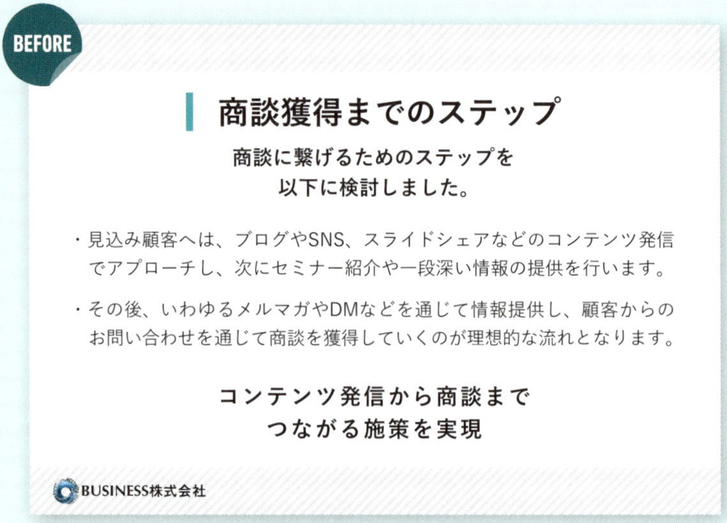

BEFORE

商談獲得までのステップ

商談に繋げるためのステップを
以下に検討しました。

・見込み顧客へは、ブログやSNS、スライドシェアなどのコンテンツ発信
　でアプローチし、次にセミナー紹介や一段深い情報の提供を行います。

・その後、いわゆるメルマガやDMなどを通じて情報提供し、顧客からの
　お問い合わせを通じて商談を獲得していくのが理想的な流れとなります。

**コンテンツ発信から商談まで
つながる施策を実現**

BUSINESS株式会社

物事の手順や関係性などは文章で表現しがちだが、聞き手にはすんなりと頭に入ってこないことが多いのが難点だ。

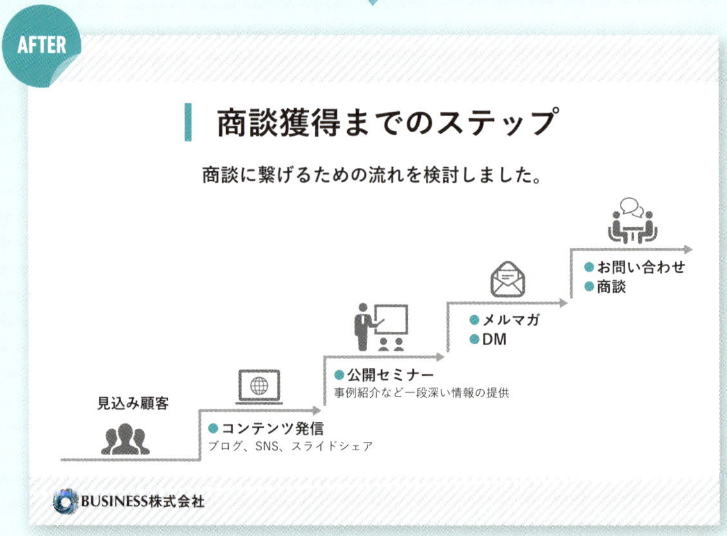

AFTER

商談獲得までのステップ

商談に繋げるための流れを検討しました。

●お問い合わせ
●商談

●メルマガ
●DM

公開セミナー
事例紹介など一段深い情報の提供

見込み顧客

●コンテンツ発信
ブログ、SNS、スライドシェア

BUSINESS株式会社

図解化することで物事の順序が視覚的に理解できるようになる。上記のようにピクトグラムなどを利用するのも賢い手。

学術的な専門用語や技術用語を伝えるためには

　ここでは「内臓感覚」という専門用語を例に解説してみましょう。

　文字のみでは次のように大掛かりになりますが、グラフィック化して簡単に伝えるのも難しいです。しかし、グラフィック＋文字で説明すればほとんどの人は理解しやすくなります。

・文字のみ

　人間はある対象を目で見て何かを感じ取るとき、一瞬のうちに好悪を判断しますが、この人間の特性を「内臓感覚」と呼びます。「内臓感覚」はアメリカの有名な認知科学者ドナルド・A・ノーマンが自身の著書『エモーショナル・デザイン　微笑を誘うモノたちのために』で記述している概念です。ノーマンは人間のデザインに対する情報処理について、「本能（直感）レベル」「行動レベル」「内省レベル」の3つのレベルに分かれているとしています。3つのうち最初の、「好悪や安全についてすばやく判断し、筋肉（運動系）に適切な信号を送って、脳のその他の部分に警告を発する」という特性を「本能レベル」＝「内臓感覚（visceral）」と呼んでいます。本能レベルは、人間のみならずすべての動物が持つものであり、この感覚を持つためにとても素早い反応が生じるのです。

・グラフィック＋文字

　アフリカのシマウマがライオンを見たときに即座に逃げるという行動を起こすのが、「内臓感覚」の成せる業です。

折れ線、棒、円グラフの使い分けを知っていますか？

....

基本から間違いやすいポイントまでチェック

ビジネス資料全般で役立つグラフィックが「グラフ」です。グラフにはさまざまな種類がありますが、プレゼンでよく使うのは、折れ線グラフ、棒グラフ、円グラフの3種類です。

ここで、質問です。

皆さんは、この3種類のグラフをどのように使い分ければよいかを知っているでしょうか。すぐに「イエス」と答えられた人は案外少ないことでしょう。事実、折れ線グラフで示すデータを棒グラフで示してしまう社会人も多くいらっしゃいます。

3つのグラフを使い分ける方法を見ていきます。

① 折れ線グラフ

年間の売上や価格、人口などの増減の推移といった連続したデータで時系列の変化を示すときに使います（図4-4参照）。横軸には年・月・日などの時間を、縦軸には金額や人数などの数値を取り、横軸・縦軸の交わるところを線で結んでいきます。

　このとき、縦軸も横軸もできるだけシンプルな表記にするのがコツです。縦軸で示す金額などの数字も、0（ゼロ）の数が多くならないように表記にします。背景の罫線も不要なことが多いので、思い切って割愛するとよいでしょう。

② 棒グラフ

　棒の高さや長さでデータの大小を示すもので、順位やランキングの比較に使います。ビジネスシーンでは、営業部員が獲得した契約件数の順位や、1年間の部門別の売上高など、ある時点での数字を比較したりランキングづけしたりするときに使用します。

　例えば、営業部員が獲得した契約件数の順位といった場合は、図4-5のように、横軸には氏名が入っているだけで連続性はないので、線で結ぶ必要はありません。一方で、もし営業部全体での契約件数の年間推移を示したいのであれば棒グラフではなく折れ線グラフで示すべきです。

③ 円グラフ

　全体のシェアに占める個々の割合を示すときに使用します。四半期ごとの売上の割合や、アンケート調査の回答数の割合、品目別の内訳を示したいときなどが代表的な使い方です（図4-6参照）。

　割合を示すことが主な目的になるので「4割の人が節約志向になっている」「23％の人が週に2回以上ネットショッピングしている」など全体のなかでの傾向を示すときに活用しやすいグラフです。

よく間違いやすいのが、折れ線グラフと棒グラフの使い分けです。上記でも説明したように、**折れ線グラフは「時系列の変化」を、棒グラフは「ある時点における数量の変化」を示すときに主に使われます**。判断基準は横軸に表記するデータに連続性があるかどうかです。連続性があれば折れ線グラフとすべき可能性が高いです。

　また、円グラフは全体のシェアに占める個々の割合を示すために使用されますが、場合によってはその使い方が適切ではないこともあります。

　例えば、当選するのが一人だけである知事選挙を考えてみましょう。もし出馬した候補者が数人であれば、投票総数のなかで各候補者の得票率を表す場合に、円グラフは最適です。ところが、もし候補者が何十人にもなってしまったような場合はどうでしょうか。全候補者を入れた円グラフはとても作れません。

　解決策は主に2つです。

　上位数名のみの得票率だけをそのまま表示し、それ以外の得票率の低い候補者の結果はまとめて「その他の候補者の総計」のようにする。もしくは、具体的な得票率の比較をするために、円グラフではなく棒グラフを使うといった方法も考えられます。

　デザインにおいては"見た目"が重要で、"見た目"がよいと人間は使いやすいと感じると何度もお話しました。当然、これはグラフの"見た目"にも当てはまります。グラフの場合には、"見た目"のよさは、情報の信頼性にも関わるため、見る人に「信頼できる情報である」と思ってもらいやすくなります。「たかがグラフ」と思わず、できるだけ見た目の美しいグラフを作成するよう心がけてください。

図4-4 見やすい折れ線グラフの作り方

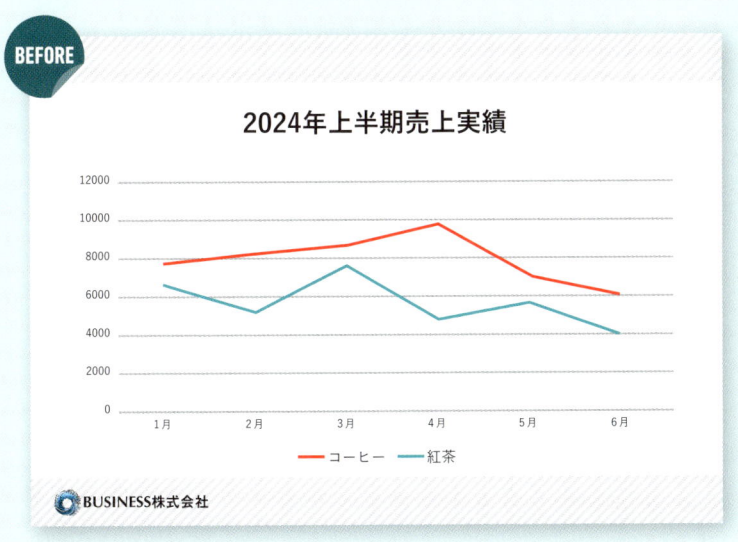

上記の折れ線グラフでは伝えたいことが読者に伝わらないのが最大の問題。また、背景に罫線を引く人は多いが、取り入れないほうが見やすくなることがほとんど。

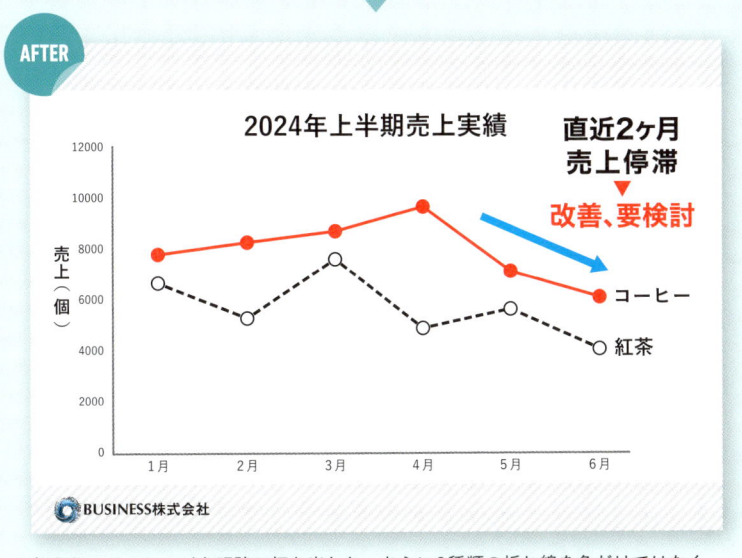

伝えたいメッセージを明確に打ち出した。さらに2種類の折れ線を色だけではなく、形で違いを表現することで全体としてまとまりのある印象に仕上げた。

図4-5　見やすい棒グラフの作り方

BEFORE

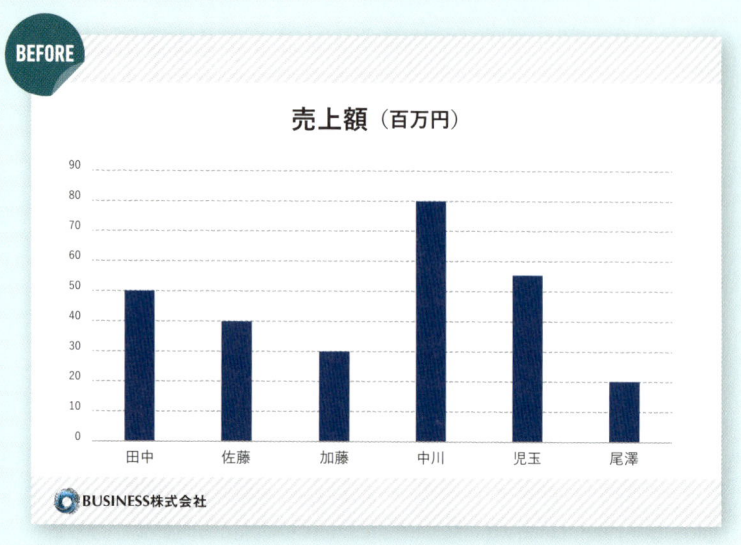

売上額を示した棒グラフのスライド例。よくある表現だが、聞き手に伝えたいメッセージがスライドからは読み取れない。

AFTER

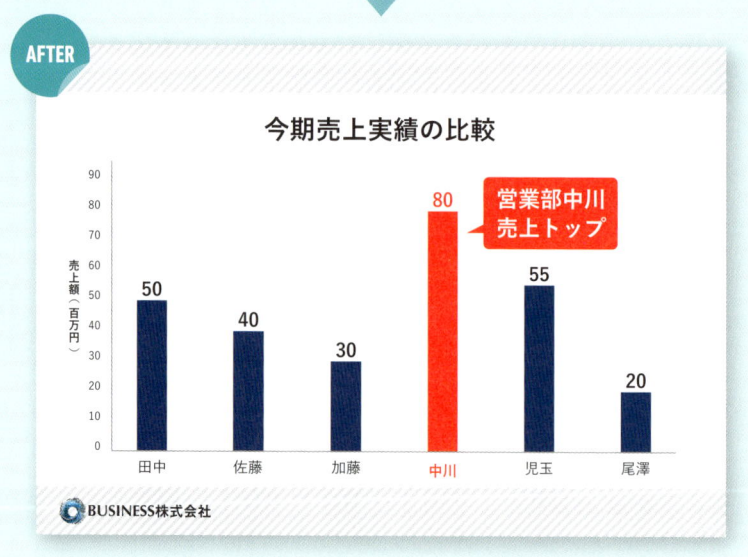

カラーをひとつに絞って強調したいグラフの個所にのみ使用。加えて、メッセージを挿入するだけで印象が大きく変わる。

図4-6　見やすい円グラフの作り方

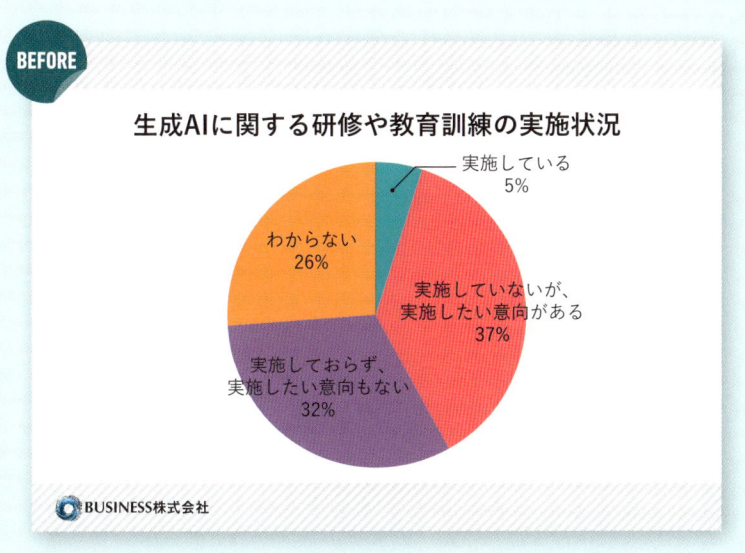

BEFORE

生成AIに関する研修や教育訓練の実施状況

実施している
5%

実施していないが、
実施したい意向がある
37%

わからない
26%

実施しておらず、
実施したい意向もない
32%

BUSINESS株式会社

円グラフは各グラフのなかでも多色使いしやすいので注意が必要。基本的にグラフをカラフルに着色することはNGと心得よう。

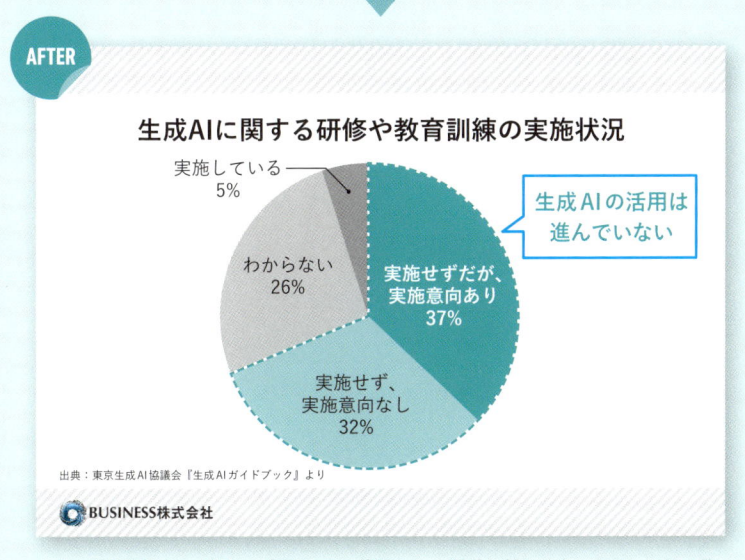

AFTER

生成AIに関する研修や教育訓練の実施状況

実施している
5%

生成AIの活用は
進んでいない

実施せずだが、
実施意向あり
37%

わからない
26%

実施せず、
実施意向なし
32%

出典：東京生成AI協議会『生成AIガイドブック』より

BUSINESS株式会社

カラーは強調したいグラフの個所にのみ使用した。順番も割合の多い項目から並べ替えた。グラフ内の文字テキストも最小限にしてすっきりとした印象に。

04

折れ線、棒、円グラフの
多色使いはNG

....

📄 色を使うことでは新奇刺激は生み出せない

　文字では多色使いはしないほうがよいとお伝えしました。この
ルールは3種類のグラフでも同じです。

　例えば、円グラフのなかで要素が4つあるとき、赤・黄・青・緑
の4色で分けてしまうと強調したい個所が不明確になって、聞き手
の混乱や誤解を招く可能性があります。

　人間は常に新奇刺激（初めて見るような珍しい刺激）に興味を抱きま
す。多くの人は聞き手（読み手）の興味を引く資料デザインというと、
どうしても色を使うことによって新奇性を出すことを意識しがちで
す。しかし、それはあまり効果的な方法ではありません。そもそも
見たこともないような色などほとんどありません。かえって多くの
色を使って珍しさを出そうとすると、ゴチャゴチャしたデザインに
なって見づらくなってしまいます。

　**多色使いを避けるためには、棒グラフ、折れ線グラフ、円グラフ
では強調したい部分にだけ色を使うというのが基本です。**その他の
要素はモノクロにしたり、グレーのグラデーションにしたりするな

ど、できるだけ色を使わない工夫をすることでメリハリをつけられます。

　ただ、どうしても3色以上使わなければならないケースも出てくるでしょう。そのときは視覚的ストレスにつながらないように、前後のページがシンプルな作りになっている間に挿入しましょう。**3色以上使っているページが少しあっても、全体を通して見ればそれをメリハリとして使うことができます。**

　特に表示する項目がたくさんあるグラフは多色使いになりやすいです。例えば、G7（先進7カ国）で何らかの数字（ここでは太陽光エネルギーの生産量とします）の推移を示すグラフを描こうとすると、白黒での表示には限界があることはおわかりいただけるでしょう。

　たくさんの色を使わざるを得ませんが、できる限り色数は減らすことを考えます。そのためには、同じグラフで1色を一度だけ使用するのではなく、二度使用しましょう。折れ線グラフでは同じ色でマーカー間のつなぎ方を変える（直線と破線のように）、あるいは棒グラフや円グラフでは同じ色で塗り方のパターンを変えるのです。

　また、使用する色は基本的には前章で述べた、反対色のペア（赤と緑のペアおよび青と黄のペア）である4色を考えるとよいでしょう。

　上記のように1色を二度使うことで8種まで対応できますので、多くの項目があっても事足りるでしょう。そのうえで、前後のページのスライドをシンプルな色使いにすることで、全体の視点で見れば問題のない資料になるはずです。

図4-7 3色以上使うときのテクニック

BEFORE

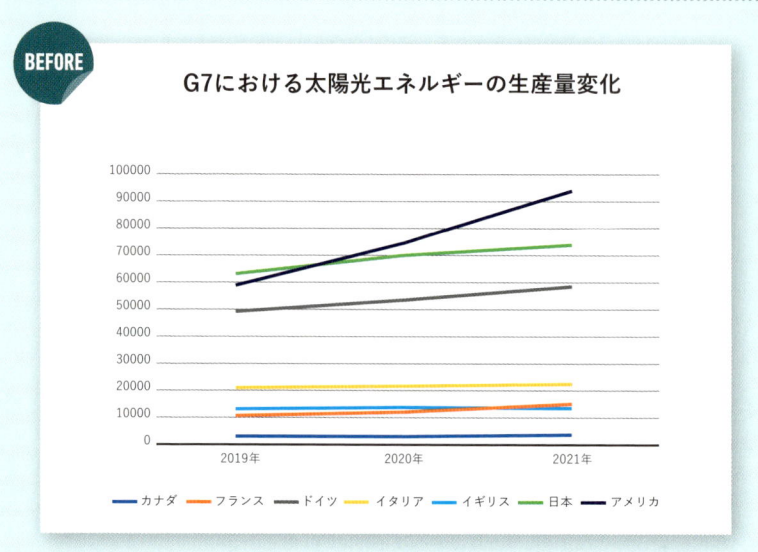

国別に異なる色を使っているため、合計7色の折れ線に。色数が多すぎると賑やかにはなるが、メッセージはぼやけてしまう。

AFTER

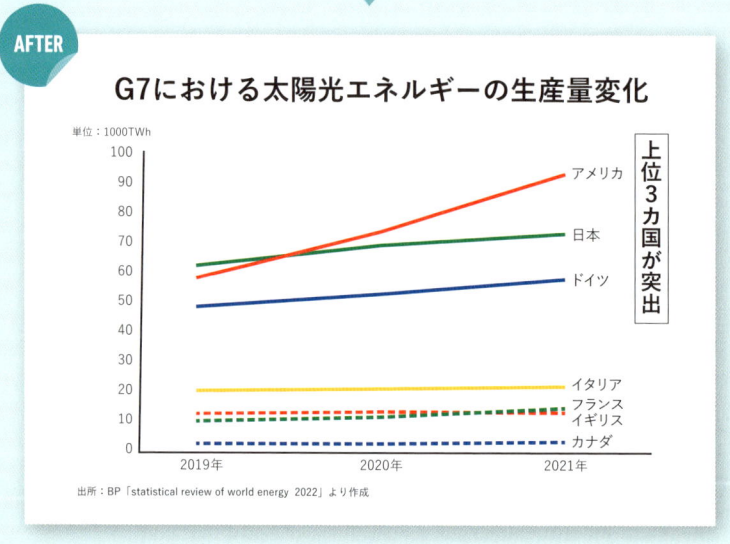

1つの色を直線と破線の2種類に使用することで、色数を減らしたパターン。伝えたいキーワードも載せることで聞き手が理解しやすいグラフになっている。

罫線、囲み線で
ストレスを与えない
テクニック

線を引かずに区切りを作る

　ビジネス資料では表を挿入したり、囲み線を使って重要な部分を強調したりすることがよくあるでしょう。

　適度な頻度で使えば、情報が整理されてわかりやすくなりますし、囲み線でくくられている語句が目立って聞き手にその重要性が伝わるメリットもあります。

　ただ、両者とも使い方によっては逆に見えづらくなることもあるので注意が必要です。人間の目は、線がたくさん入ったストライプ模様に対して視覚的ストレスを感じるようにできているためです。

　例えば、**図4-8**を見てください。

　同じ太さの罫線で作成された表ですが、すべての区切りに罫線を引いています。これでは黒い罫線が強調されて見えるため、かえって視認性が悪くなります。

　表はあくまでもデータや情報の区切りがわかればよいので、必ずしも罫線を細部まで引く必要はありません。表をスッキリ見せる方法はいくつかありますが、主な方法は以下の通りです。

① 罫線は外枠だけにする。最上段の項目だけ罫線を引いて、細かい数字のデータの部分にはあえて罫線を引かない
② 薄い水色や緑色、グレーなどの薄い色を一行おきにつける（白色と交互に使う、もしくは白色・薄い水色・少し濃い水色のように３段階グラデーションにしてもよい）

　上記の工夫を加えたものが図4-8のAFTERです。元の図と比較するとどうでしょうか。データの部分に薄く色を入れるだけでも、また罫線を思い切って省くだけでも見やすくなって好感の持てるデザインに変化します。

　いずれの方法もちょっとした工夫にすぎませんが、罫線や色の使い方、罫線の有無ひとつで印象は大きく変わるのです。

「囲み線」の場合も同様です（図4-9参照）。情報を区切るために囲み線を使ったりすることもありますが、高い頻度で使用するとどの情報が重要なのかわからなくなります。囲み線が強調されて見えるので、囲み線のほうに目がいってしまいます。

　一方でAFTERのように、背景にだけ色づけすれば囲み線を思い切って減らしても、インパクトを下げずに見やすさが向上します。「囲み線」と言っても、必ずしも黒線で囲って表現する必要はないのです。

図4-8 見やすい表の作り方

BEFORE

メーカー名 (単位:百万円)	2022年2月期			2023年2月期		
	売上高	営業利益	営業利益率	売上高	営業利益	営業利益率
A社	313,795	29,957	9.5%	371,542	27,250	7.3%
B社	121,838	5,692	4.7%	137,378	3,278	2.4%
C社	82,826	2,473	3%	105,967	3,771	3.6%
D社	32,048	1,528	4.8%	41,622	2,791	6.7%
E社	31,203	1,042	3.3%	38,268	1,420	3.7%
F社	26,775	925	3.5%	36,906	2,633	7.1%
G社	20,389	873	4.3%	24,581	1,905	7.7%

初心者は表には罫線があったほうが区切りを示せてよいと思う傾向にある。しかし、これがかえって視覚的ストレスを生んで見づらさの原因に。

AFTER

メーカー名 (単位:百万円)	2022年2月期			2023年2月期		
	売上高	営業利益	営業利益率	売上高	営業利益	営業利益率
A社	313,795	29,957	9.5%	371,542	27,25	7.3%
B社	121,838	5,692	4.7%	137,378	3,278	2.4%
C社	82,826	2,473	3%	15,967	3,771	3.6%
D社	32,48	1,528	4.8%	41,622	2,791	6.7%
E社	31,23	1,42	3.3%	38,268	1,42	3.7%
F社	26,775	925	3.5%	36,96	2,633	7.1%
G社	2,389	873	4.3%	24,581	1,95	7.7%

罫線を思い切って減らした表。一般的に、表に罫線がなくても読み手はデータの区切りを理解できる。

(単位:百万円)	2022年2月期			2023年2月期		
メーカー名	売上高	営業利益	営業利益率	売上高	営業利益	営業利益率
A社	313,795	29,957	9.5%	371,542	27,250	7.3%
B社	121,838	5,692	4.7%	137,378	3,278	2.4%
C社	82,826	2,473	3%	105,967	3,771	3.6%
D社	32,048	1,528	4.8%	41,622	2,791	6.7%
E社	31,203	1,042	3.3%	38,268	1,420	3.7%
F社	26,775	925	3.5%	36,906	2,633	7.1%
G社	20,389	873	4.3%	24,581	1,905	7.7%

罫線には必ずしも黒線を用いる必要はない。背景に薄く色をつけることでも、データの区切りをわかりやすく示すことができる。

図4-9　囲み線の正しい使い方

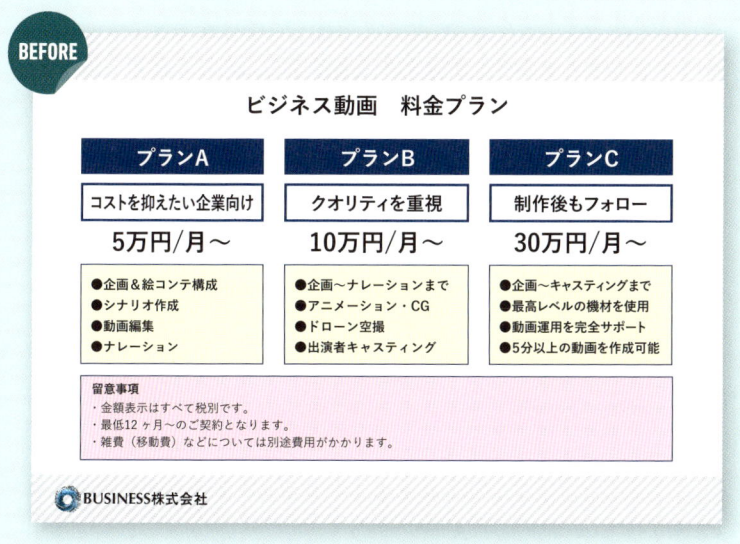

BEFORE

文章を強調するために囲み線に使うことも初心者によくある手法。しかし、上記のように使いすぎると強調したい部分がわかりづらくなってしまう。

AFTER

背景の色を変えれば囲み線と同じ効果を得られつつ、見やすさも損なわない。区切りを示すときには線だけではなく色を使うことも覚えておこう。

06

文字で説明できない概念は
表組みや図解を選ぶ

📋 時間をかけずに記号を駆使する

　文字で説明すると文字数が多くなってしまうときは、表組みや図解を使うと簡潔にわかりやすく表示できることがあります。特に仕組みやフローなどは全体像を示すことができるため、聞き手の理解力をグンと高める効果を発揮します。

　表組みというと、数字のデータを羅列したり、項目のリストアップに使ったりするためと考えがちですが、必ずしもそれらだけに使うものではありません。**文字情報を簡潔に整理するためにも使うことができます。**

　例えば、以下のような文章があるとします。

　自社製品の売上アップを目的とするプロジェクトチームが立ち上がった。チームメンバーは営業部の田中・鈴木・佐藤の3名。営業部では経験豊富なメンバー不足という課題があり、現メンバーの営業スキルの向上が問題となっていた。そこで、経験豊富なメンバーによる営業活動教育講座を開始。チームのスキルをメンバー間で共有することで課題の克服に見事成功し、売上も30％改善した。

これを表にすると図4-10のようになります。

図4-10 表組みと情報整理

目　的	自社製品の売上向上
チーム構成	営業部の田中、鈴木、佐藤の3名
課　題	経験豊富な営業メンバーの不足
取り組み	経験豊富なメンバーによる営業活動教育講座開始
成　果	営業スキル全般的向上、売上30％改善

このように文字情報をただ並べるよりも、表にしたほうが、ものごとを整理できて聞き手（読み手）の理解も進みます。

表作りのコツは事前の設定が大切です。**多くの人は何も考えずにいきなり表を作り始めようとしますが、まずは情報濃度を明確化します**。すなわち、表作りの目的に合わせて、どれだけの情報を表に含めるかを決めるのです。主要なポイントだけを抽出するのか、詳細な情報も含めるのか、聞き手（読み手）が必要とする情報に基づいて決定します。

また、伝えるべき重要なポイントを選んだとき、文をつなぐ接続詞等が省かれることが多いです。このとき、意図する情報が不正確になることもあり得るので、最終チェックで各項目の関係性に注意して整理することが重要です。

続いて、図解化に視点を移しましょう。

図4-11を見てください。農業生産における種まきから収穫までの作業を時系列で示したものです。BEFOREのように一連の流れ

を文字で説明するととてもわかりづらい印象を与えます。それを AFTERのように、図解で示すと一気に業務プロセスの流れがクリアになりました。

　上記の他にも、作業工程や業務フローなどプロセスを説明するときや、社内の部署・部門などの階層構造を説明するときなどに使うことができます。

　図解の基本は、四角や楕円形の枠で囲んだ文字を、時系列や流れを現す矢印（→）などの記号でつないでその関係性を表現することです。必要であれば、インターネットのフリーサイトなどから適切なピクトグラムを用いるのもよいでしょう。

　図解に使用する文言と色数は、最小限に抑えて見やすさを追求しましょう。きれいに図解してもその意図が伝わらなければ意味がありません。ですから、図解のなかには必ず伝えたいメッセージを挿入するようにしましょう。

　また、図解の最も大切なポイントは、時間をかけずに作成することです。わかりやすく伝えようとするあまり、資料作成に時間をかけてしまってはビジネスパーソンとしてはあまり褒められる行為とは言えないでしょう。

　上記の説明だけではわかりづらいかと思いますので、次ページから特にビジネスシーンでよく使う図解のパターン3つをコツとともに記載しました。ぜひ図解を作成する方法の参考にしてください。

図4-11 図解の方法

BEFORE

農業生産の種まきから収穫までの業務プロセス

計画：
１年間の最初に、どの作物を、どこに植えて、どのくらいの量を
収穫・出荷するか決めます。

内容：
キャベツは３月から４月中旬まで育苗・定植を始めて、その後、
管理の時期が６月中旬まで続きます。収穫は６月中旬から７月
いっぱいです。そのほか、植物の種子を播く（＝播種）作業を大
豆とトウモロコシでそれぞれ、４月〜６月にかけて実施します。
前者は10月に収穫して、後者は夏前の６月下旬に収穫します。

🔵 BUSINESS株式会社

作業工程やフローなどを文字だけで表現してしまうと、上記のようにわかりづらい。
聞き手もスライド資料の内容を読む気持ちが薄れてしまう。

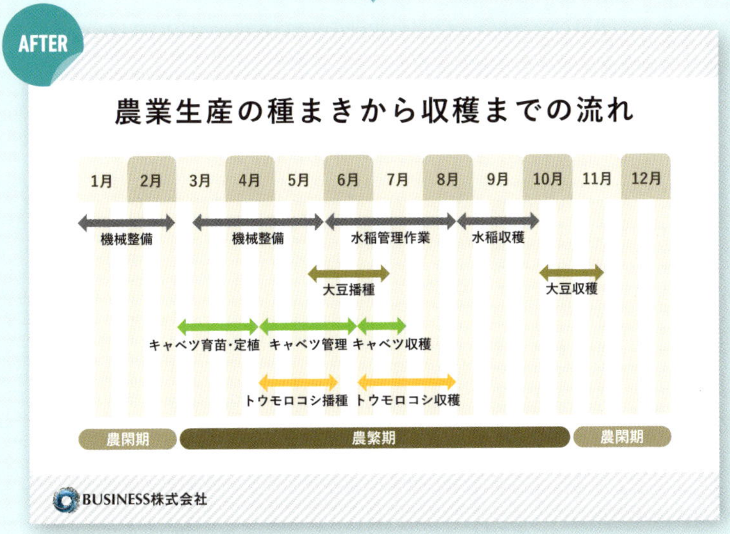

AFTER

農業生産の種まきから収穫までの流れ

| 1月 | 2月 | 3月 | 4月 | 5月 | 6月 | 7月 | 8月 | 9月 | 10月 | 11月 | 12月 |

機械整備　　機械整備　　水稲管理作業　　水稲収穫

大豆播種　　　　大豆収穫

キャベツ育苗・定植　キャベツ管理　キャベツ収穫

トウモロコシ播種　トウモロコシ収穫

農閑期　　　　農繁期　　　　農閑期

🔵 BUSINESS株式会社

図解化することで直感的＝内臓感覚レベルで理解できるようになるため、聞き手にや
さしい資料だ。矢印などの記号と文字のみのため作成もそれほど難しくない。

時 系 列 の 図 解 手 順

① 時、日、月など時間軸の単位を決めて、横軸（縦軸）に順に並べる。
② 時間の経過によって変化するトピックを箇条書きにして時間軸に沿って記載する。
③ テーマを細分化してひとつの図に複数のフローを記載するのも◎。（事例ではキャベツやトウモロコシ、大豆などに分けている）

POINT

先に時間軸となる横軸を書いて、フローの数を決めておくとすんなり図解できる。
ただし、ひとつのフローに別の作業のフローを混在させないように注意する。

こんなときに使える!

プロジェクトの進行計画、業務内容の流れ

政治資金を巡る問題の構図

BUSINESS株式会社

相関図は①人物＆企業の関係性、②行動の因果を表すのに適する。①はある集団のなかでの各人の関係性をひと目で理解でき、②は複数の当事者がいる場合に出来事の流れを把握可能。

相 関 図 の 図 解 手 順

① 関係性を図示したいアクターを列挙する。

② 関係性や利害関係の中心者、行動の因果の中心者を図の真ん中に置く。

③ アクターとアクターの間に矢印を挿入して、関係性や行動を記載する。

POINT

アクターは人物、企業の場合、ともにピクトグラムを使う。関係性は2者の間に見い出せる「社会的な関係性」や「職務上の働きかけ」をピックアップして矢印や線で結ぶ。

こんなときに使える！

組織図や業界の力関係、部署の関係性、事件や事故などの因果関係の説明

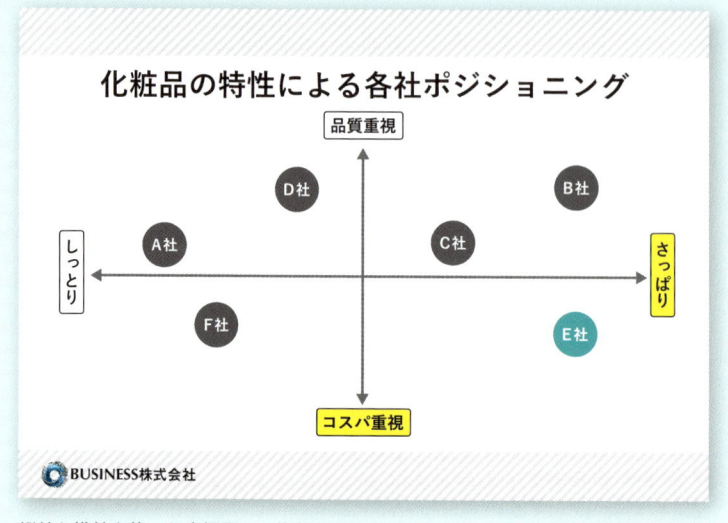

化粧品の特性による各社ポジショニング

縦軸と横軸を使った座標面に、複数の項目をポジショニングした図。業界内の自社商品や企業の特性を図示するのに適しており、他の項目と比較しやすくなる。

マトリックスの図解手順

① 縦軸と横軸の評価軸を設定する。
② 対象となる要素をポジショニングする。

POINT

評価軸は縦軸と横軸で異なる視点から設定する。ポジショニングする項目が多ければ多いほど、マトリックスの図解は情報性が多くなって効果が大きくなる。逆に言えば、項目が2〜4つ程度であれば使わないほうが無難。

こんなときに使える!

商品の特徴を他社と比較して説明、自社の立ち位置を他社と比較して説明

複数の写真やイラストは
端を揃えて美しさを

....

グラフィックは余白を意識して配置する

スライドに写真を数点入れたいというとき、どのように並べると効果的なのかと、悩んだことはないでしょうか。

図4-12のように、写真をそのまま並べると大きさも向きもバラバラだったり、位置関係がズレたりします。これでは、資料デザインの意図が伝わりづらくなります。

写真を配置する基本は、大きさや上下左右の端を揃えることです。もし、複数の写真やイラストのなかでひとつ強調したいものがある場合はそれだけを大きくしたり、他の写真に一部被せるように配置したりするのも手です。

ポイントは写真と写真は等間隔になるように配置すること。余白の大きさがバラバラにならないように注意しましょう。

人間は垂直方向や水平方向のズレに敏感です。2020年に『Perception』という学術誌に掲載された論文では、水平・垂直成分の刺激のほうがそうでない斜め成分の刺激よりも検出する感度が高いことが示され、人間は水平や垂直に対してとても敏感であることが明らかになりました。

また、応用テクニックでは意図的に写真の余白を調整することで、写真同士をグループ化させて見せることもできます。これはゲシュタルト心理学で有名な「近接の法則」を利用した方法であり、近接しているもの、すなわち距離が近いもの同士は同じグループとして認識されやすいという人間の知覚特性を資料デザインに取り入れた手法です。

図4-12の応用では上下と左右の開きを変化させることで、写真をグループ化させました。**単純に等間隔で写真を配置するのではなく、写真間の距離を意識的に変化させることに意味を持たせることができることがおわかりになるでしょう。**

他にも写真を使うときに意識したいのは次の点です。

・大小で主従関係が変わる
・人の目線で文章を誘導する

上記について次ページからBEFORE & AFTERを掲載しました。いずれもデザインの基本テクニックなので、ビジネスパーソンの皆さんも覚えておくとよいでしょう。

図4-12　写真と余白の関係

4枚の写真それぞれの大きさが不均等かつ、配置がバラバラなレイアウト。これでは人が違和感を覚える見づらいデザインになりやすい。

写真の大きさと各写真の間隔を均等にしたレイアウト。これだけの変更でもすっきりした印象に様変わりした。

BUSINESS株式会社

写真の大きさを均等にしつつ、上下の間隔を大きく取ったパターン。余白の差によって、上の2枚と下の2枚の2つのグループに写真が分けられていることが感じ取れる。

BUSINESS株式会社

左右の間隔を大きくしたパターン。今度は左2枚と右2枚に関連性を持たせることができた。このように余白を調整することで写真をグループ化することができる。

図4-13 写真の大小と掲載意図

クルマをメインの写真に配すことで、「クルマそのもの」の魅力を伝えるのに適したレイアウト。

クルマの所有者をメインに配すことで、「人物」について紹介するのに適したレイアウト。このように写真の大小を入れ替えるだけでレイアウトの印象は大きく変わる。

図4-14 写真の人物配置

BEFORE

人の顔の向きで読み手の視線を誘導するというテクニックがある。上記では顔の向きがお互い反対に向いており、文章に視線を誘導できない。2人の人物の仲が悪いようにも見える。

AFTER

顔を向き合わせると、読み手は写真の顔の向きに視線を移動させるため、読みやすくなる。また、お互いが話し合っている、協調しあっている雰囲気も出せる。

第 5 章

ナッジと不快の
デザインでプレゼンの
「真の目的」を果たす

※本章の「不快」に関する記述には、著者が監修を務めた展示会『世の中を良くする不快の
　デザイン展』(企画・製作：電通クリエーティブ X：2023年3月24日〜4月23日 GOOD
　DESIGN Marunouchiにて開催) の展示内容や概念に関連した項目が含まれています。

行動経済学の「ナッジ」をプレゼンに応用する

....

📑 デザインで「自分で決める」を後押しする

　人は生まれながらにして、自分の行動や選択は自分自身で決めたいという欲求を持っています。それを他人に決められたり、選択の自由を制限されたりすると、反発する傾向があります。これが第1章で述べた「心理的リアクタンス」です。

　心理的リアクタンスは、日常のさまざまなシーンで表れます。

　例えば、勉強や仕事の場面で人に指示を受けたことで、やる気をなくしたという経験がある人は多いのではないでしょうか。他者に「やりなさい」と言われることで、「やろうと思っていたのに……」「うっとうしい」などと反発心が生まれて、他者の意図とは反対の結果になる。この反発心がまさに心理的リアクタンスです。

　プレゼンテーションは聞き手の気持ちを動かしたり、行動を求めたりすることを目的にすることからもわかる通り、心理的リアクタンスが生まれやすいコミュニケーションです。というよりも、利害が絡むために一層発生しやすいと言えるかもしれません。

　こうした心理的リアクタンスへの効果的なアプローチとして、「ナッジ（Nudge）」という考え方が近年注目を浴びています。

　ナッジは、2017年にノーベル経済学賞を受賞した、シカゴ大学の行動経済学者リチャード・H・セイラー氏によって提唱されました。日本語では「そっと後押しする」という意味を持つ通り、ナッジは相手に強制することなく行動を促すため、心理的リアクタンスを生むことなく、相手の行動を変えられるのが最大のポイントです。

　詳細は省きますが、海外ではタバコの吸い殻のポイ捨て改善や男性トイレの快適な使用方法に「ナッジ」を取り入れて、目立った成果を出したというのは広く知られた話です（図5−1参照）。

　これに関連して、私が関わった化粧品メーカー（IPSA）とのプロジェクトで開発された「10（テン）ピクチャーズ」というシステムについてお話ししましょう。「10ピクチャーズ」では画面上に並べて表示される2つの写真を見比べ、自分の好みに合うほうを選びます。これを10回繰り返すと、その人のその時の気分が測定されるとともに、その人の肌色（事前に肌診断もします）に似合う商品（この場合はリップスティック）が提案されます。

「10ピクチャーズ」を化粧品ブランド「IPSA」の店舗で導入したところ、売上が爆発的にアップするという驚きの結果が得られました。つまり、来店者は単に店員さんにおすすめの商品を紹介されると、無意識に「押し付けられた」という気持ちになってしまうのですが、**「10ピクチャーズ」のように自分の行為の結果によって選択された商品では、「自分が決めた」という気持ちが無意識に生じ、消費行動を「後押し」するのです。**

　こうした「自分で決める」という形を通してナッジを構築することは、プレゼンテーションにも取り入れることが可能です。本章では具体的に、聞き手の行動を変えて問題解決を図る方法を述べます。

図5-1 スキポール空港のトイレ（イメージ）

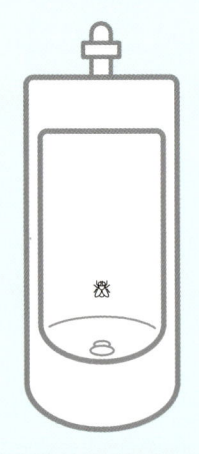

男性用トイレの小便器に
黒いハエの絵をデザイン
⬇
小便器周りの汚れが改善
清掃費が**80%減少**

オランダのアムステルダム・スキポール空港は男性用トレイの汚れを解消するために行動経済学の理論を取り入れた。小便器の内側に一匹のハエの絵を描くと、男性はそれをめがけて用を足すようになって清掃費が8割減少した。

図5-2 「10ピクチャーズ」の操作シーン

IPSAが導入した「10ピクチャーズ」。画面上に並べて表示される2つの写真を見比べ、好みに合うほうを選び、それを10回繰り返すと自分に似合う商品がおすすめされる仕組み。

比較対象を作り
聞き手に行動してもらう

....

より良いモノを選択したという結果を作る

　ナッジをプレゼンに取り入れると言っても、深く考えて周到に準備する必要はありません。

　皆さんが簡単に実践できることをひとつずつ紹介していきます。**まずひとつ目のポイントは「比較対象」を作ることです。**

　例えば、ある商談でサービスプランを提案するとします。このとき、ひとつのプランだけではなく、**比較対象となる2つのプランを加えて3つのプランを用意するようにしましょう**（図5-3参照）。

　基本的に利用者はより良いモノ・サービスを購入したいはずです。そのため、比較できるプランを提案することで、よい良い選択をしたという気分になってもらうのです。

　例えば、本命のプランAを用意して、それよりも高品質だけど高コストなサービスプランB、一方で低コストだけど最小限のサービスプランCを用意します。会社の信用にもかかわるため、比較対象のプランはあからさまにサービスの質を落としたり、金額が跳ね上がったりしないようにします。

　あえて両極端の選択肢としてBやCのプランを用意しておくこと

で、その中間である本命のプランＡへとそれとなく誘導する。聞き手が自分でどのプランがよいのか判断し、心理的リアクタンスが生まれづらくなるようにするというわけです。こうすることで、ナッジ理論を活用した「後押し」する効果が生まれます。

　ふたつ目のポイントは「試しに行動させる」ことです。 プレゼンテーションは基本的には、一方通行になりやすいコミュニケーションです。話し手がプレゼン資料に沿って、提案や説明をしていく流れがほとんどでしょう。

　しかし、これでは聞き手の「心理的リアクタンス」が高まる恐れが強まります。上記の通り、普通のプレゼンは受動的な姿勢が求められるコミュニケーションだからです。

　そこで、プレゼンのなかでは具体的な指示を出して「聞き手が行動する」ことを促します。

　人間は特に問題を感じていない場合、無意識に変化を避けて、あえて現状を変えることをしない「現状維持バイアス」という心理特性を備えています。人間の行動がなかなか変化せず、新たな行動を促すことが難しいことにも、この「現状維持バイアス」が大きく関わっています。

　一方、「単純接触効果」という心理特性により、人間は何らかの対象に接触する機会が増えるほど、その対象への印象がよくなることが知られています。「現状維持バイアス」と「単純接触効果」の観点からは、プレゼンで聞き手に何らかの行動をさせることには大きな意味があるのです。

　例えば、商品Ａを売り込むためのプレゼンをすることになったと

しましょう。その場合、**あなたは実際に商品Aを会場に持ち込んで、聞き手に使用してもらうようにします**（開発中の商品であれば試作品などでも聞き手は喜んで試し使いをしてくれることでしょう）。

　このとき、試しの効果をさらにアップさせるために、別の比較対象品Bも同時に試してもらうようにするのがポイントです。ただ、**比較対象品Bは、商品Aの一番の特徴**（あなたが最も売り込みたい機能など）**がない旧製品あるいは意図的にその特徴を外した製品にします**（図5-4参照）。

　プレゼンでその機能の有無を指摘しつつ、実際に聞き手にAとBを試してもらうのですから、大ウケすること間違いなしです。

　商品のようにモノとして存在しない場合は、上記のように実際に試してもらうことはできないかもしれません。そのときは、**聞き手の想像力に訴えて、シミュレーション的に試してもらうようにしましょう。**

　重要なのは抽象的な概念だけで聞き手に想像することを求めるのではなく、できるだけ身近で日常的な場面を思い浮かべられるように工夫をすることです。つまり、ただ単に聞き手に対して「このサービスをお使いいただく場面についてご想像ください」と言うのではなくサービスの一番の"売り"である特徴が発揮されるような具体的な場面での使用を聞き手が自然に想像できる説明方法をすることが重要です。

図5-3 比較でナッジを作る

	ライト	スタンダード	ハイエンド
費　用	5万円／月	8万円／月	15万円／月
記事数	4本	8本	16本
フィード投稿	4回	6回	8回
画像の編集	◎	◎	◎
ハッシュタグ設定	◎	◎	◎
ストーリーズの作成と投稿	―	◎	◎
コメント確認＆返信	―	◎	◎
フォローバック	―	◎	◎
レポート＆定期ミーティング	なし	1回／2カ月	1回／1カ月

本命のプランに加えて他の2つのプランを一緒に紹介している表。比較して自ら選べるようにすることで、ナッジが働きやすくなる。

図5-4 聞き手の行動を促す方法

カフェイン、アルギニンなどの成分を増量しつつ、新商品は爽やかなグレープフルーツ風味です

新商品A　現品B

商品と比較商品を用意し、聞き手に使用してもらう

比較対象品Bは商品Aの一番の特徴がない旧製品、あるいは意図的にその特徴を外した製品にすることがポイントだ。

伝えたいメッセージは
後出しで見せる

3段階のスライド構成で興味を引く

　簡単にできるナッジの3つ目は「考えてもらう」仕掛けを作ることです。繰り返しになりますが、プレゼンテーションは一方通行になりやすいコミュニケーションです。双方向のやり取りが生まれづらいため、どうしても聞き手の関心が高まりにくい環境が発生してしまいます。

　そこで、**次のようなインタラクティブな要素を資料に組み込むことで、一方向のコミュニケーションを解消しましょう。**

① 最初にキャッチーなフレーズを提示
② 写真だけで提示
③ 最後に伝えたいメッセージを提示する（図5−5参照）

　上記のようなスライド構成にすることで、聞き手は自然と「答え」を探そうとするはずです。自発的に資料テーマへの参加を促すことができるため、うまくいけばその後の展開に興味を持って聞き入ってもらえるでしょう。なお、図5−6のように、最初に写真だけを示してから、その後にテーマを見せるという構成もよく使われます。

図 5-5 インタラクティブなスライド ①

1枚目

1枚目のスライドでは聞き手が「なんだろう」と興味を持ちそうなトピックを写真付きで示している。

2枚目

2枚目では1枚目の答えのヒントとなるような写真を見せる。このときに文章やキーワードは示さずに聞き手の「なんだろう」をさらに膨らませるのがポイントだ。

3枚目

完全食

最後に1枚目の答えとなるキーワードを示せば完成。このように3枚セットでインタラクティブを作れば聞き手の興味を引けるだろう。

図5-6 インタラクティブなスライド ②

1枚目

本日のテーマ

2枚構成の場合は、最初に写真だけを見せて聞き手の興味を引きつける。

2枚目

半導体の未来は
「三次元化」
がカギを握る

2枚目に、テーマやキーワードを提示することでその後のスライド資料も聞き手に興味を持って見てもらいやすくなる。

04

不快の感情を
ナッジに変換させる

········

📄 人は「快」よりも「不快」に反応する

　心地よいデザインは、聞き手にポジティブな感情を喚起し、具体的な行動につながる可能性を高めます。ビジネスシーンでは、特定の行動を促進したい場合、心地よいデザインの利用によってより良い結果を期待できることは、本書の読者ならご理解いただけているでしょう。

　一方で、ここから述べるのは人間の「負」の感情、とくに「不快」の刺激を利用することで、聞き手の注目を集める方法です。

　もともと内臓感覚は生命を危険から守るために働く機能です。そのため、「快」よりも「不快」の刺激に対して敏感に反応し、速く伝達される仕組みを持っています。本項の試みは、それをナッジに変換して資料デザインに活用しようというものです。

　もしかしたら、聞き手に不快な感情を与えたら、プレゼン自体が台なしになるのではないかと思われるかもしれません。

　しかし現実には、私たちの身の回りの生活で「不快」を活用したナッジはあふれています。

　例えば、皆さんのなかには「緊急地震速報」のアラームを経験し

たことがある人は多いはずです。「ブワッ、ブワッ、ブワッ」という
うあの警報音は想像するだけでも嫌な気分になるかもしれませんが、
次のような効果を意図して科学的に採用されています。

・危険を知らせ、すぐに行動したくなる
・老若男女、聴覚障害のある人にも聞き取りやすい

　ドキッとさせつつ、冷静に行動に移せるために、「四度堆積和音」
と呼ばれる音が緊急地震速報には取り入れられています。四度堆積
和音は長調や短調といった調性に縛られない音の組み合わせになっ
ており、適度に緊張感を与えるという意味で警報音に有効的です。
　内臓感覚に「不快」を与えて、瞬間的に人が反応できるようにす
る。**決して「快」ではない「緊張感のある音」が、人の命を守るデ
ザインになっているのです**（図5-7参照）。
　不快のデザインは上記のような音だけではありません。5感を利
用することで、本書のテーマであるプレゼン資料にも応用すること
ができます。次項から具体的にそのテクニックを見ていきましょう。

図5-7　緊急地震速報の不快

不快な警報音　　　瞬間的に気づく　　　避難へ

「不快」は人の命を守ることに役立つ

05

恐怖本能を煽り
聞き手を引きつける

....

人はネガティブな情報に目がいく

そもそも不快とはどのように発生するのか。プレゼン資料に不快を応用するために、不快の発生要因を見ていく必要があります（ここでの「不快」は嫌悪感のような狭い意味ではなく、人間にストレスを与える対象全般）。

不快の発生要因は大きく次の2つに分けられます。

> ① 物理的な条件
> ② 意味的な条件

前者①は、例えばストライプ模様やピカピカと点滅する光の刺激といった人間が生理的に感じるストレスが該当します。 それ自体には何の意味もないけれども、見た目や音などの物理的な条件によって人間に不快を与えるというわけです。

一方、後者②のわかりやすい例では、戦争でがれきと化した街の悲惨な写真や異常気象によって生じた自然災害の被害者の映像などが該当します。 ①の場合のように、見た目や音など5感の刺激とし

てストレスを与えるのではなく、それ自体から人間が意味内容をくみ取ることによってストレスを感じるのです。

①と②のどちらも資料デザインに応用することができますが、最も簡単な方法は②の意味的な条件からの「不快」を作ることです。

例えば、**資料のテーマを提示するときには、プラスの情報よりも危険な事実やセンセーショナルなデータを提示して問題の重大さを認識させる方法が効果的です**（図5-8参照）。

人間には「恐怖本能」が備わっており、リスクを恐れるがために物事のポジティブな面より、ネガティブな面に注目しやすい習性があります。事実、新聞やテレビといったオールドメディアでは医者が懸命な医療行為によって患者を生命の危機から救ったといった平和なニュースよりも、逆に患者が自分の治療に関する恨みから医者に危害を加えたといった恐ろしい内容の方を盛んに報道します。

もちろん多くのメディアは情報の公共性をもとにニューストピックを選んでいるでしょうが、私たちが「恐怖本能」によってネガティブな情報に反応しやすいということは少なからず関係しているでしょう。もっとも内臓感覚の観点でみれば、恐怖本能を人間が備えているのは当たり前のことで、生物が生き続けるには危険を常に察知することが絶対条件だからです。

なお、**図5-8**ではスライド資料の提示とともに、「**現状で本当にいいのでしょうか？**」といった厳しい問いかけを挿入することで**インパクトを与えることも可能です**。挑発的な質問やフレーズを使用することによって聞き手（読み手）の考えを揺さぶります。また、写真を使う場合は部分的にスライドに取り入れると中途半端になりやすいですので、スライド全体に写真を敷くとよいでしょう。

図5-8 恐怖本能のスライド

恐怖本能は140ページで紹介したインタラクティブな作りをベースに考えるとよい。1枚目では写真だけを示すことで聞き手の関心を集める。

2枚目で、プラスの情報ではなくて、あえてマイナスの情報で注意を引きつける。上記では「危ない」や「88万件」という具体的な数字を入れることで恐怖本能を刺激している。

得られるメリットよりも
失う痛みを強調する

人は失うリスクを評価する

　近年、空き瓶のゴミ問題が課題となっていたイギリスである2つの実験が行われました。ひとつは、自動リサイクル機に空き瓶を入れると大きさや種類を判別してお金（インセンティブ）がもらえる仕組みを作って、空き瓶の回収率アップを図るという実験です。結果は残念ながら、空き瓶代（インセンティブ）がもらえることを利用者に告知したにも関わらず、回収率が有意に変化することはありませんでした。

　もうひとつはドリンクのメーカー「AG Barr」が実施した空き瓶回収の実験です。前者とは異なり、ドリンク価格を「飲料代＋瓶代（約40円相当)」とし、瓶代を認識できるようにして販売しました。その結果、**なんと回収率は70％にアップし、多くの空き瓶はリユースされたのです。**

　さて、なぜ両者の実験ではこのようなことが起きたのでしょうか。
　前者の場合、空き瓶代は単なるインセンティブとして機能していました。一方で後者の場合は、**消費者のなかに「この瓶を返さない**

と40円を『失う』」というリスク（危険）意識が生まれたことがわかりました。

　少し難しい話になりますが、このように利益を得ることと損失を被ることに注目したとき、人は失う痛みを回避する傾向が強いことがわかっています（これをプロスペクト理論における「損失回避バイアス」と言います）。こうした人の性質を把握したうえで、選択をしてもらうのも不快のデザインのひとつの利用方法です。

　プレゼン資料に上記の内容を活用することもできます。

　例えば、新しいプロジェクトの計画提案をするときにはその成果を強調しがちですが、むしろそれをしないことによる損失を強調したほうが効果的になる場面も出てきます。**プラスのメリットではなく、そのプランを実行しないことによる失う痛みを示すことで、人の心をそっと動かすナッジが機能するのです**（図5-9参照）。聞き手からすれば損失に注意が行き、心が揺さぶられることになるはずです。

　なお、「失う痛み」に加えて、図5-9のようにプラスの限定情報（平均売上3割増）を入れることで、ナッジの効果をさらに高めるというアプローチも考えられます。

　不快のデザインを取り入れるプレゼン資料全般に言えることですが、前半で不快な要素を多く取り入れて、後半で解決策やポジティブなメッセージを提示するという構成にすると聞き手（読み手）にカタルシス的な安心感・達成感を与えることになり、好意的な印象を持ってもらいやすくなります。

図5-9 損失を強調したスライド

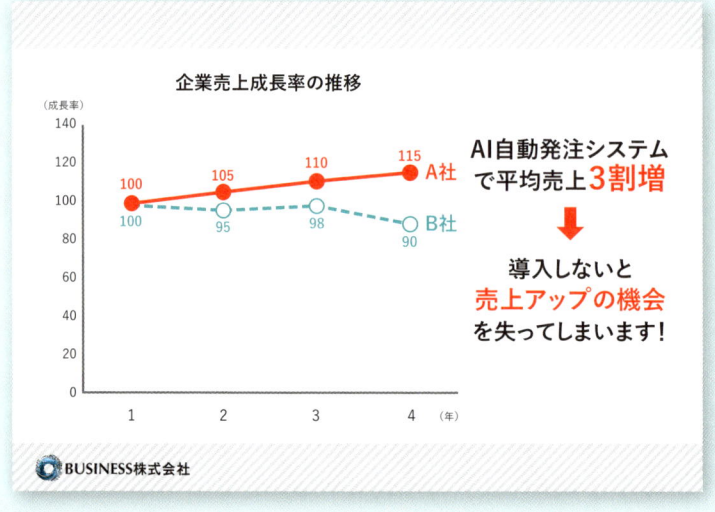

企業売上成長率の推移

AI自動発注システムで平均売上**3割増**

↓

導入しないと
売上アップの機会
を失ってしまいます!

 BUSINESS株式会社

「売上アップの機会を失ってしまいます!」というフレーズで、将来的なマイナス＝「失う痛み」を刺激。「ナッジ」を生じさせるきっかけになっている。

ここもCHECK! ワンポイントに抑えて プラスのイメージで完結する

　不快のデザインを使うときには次の2つのポイントに沿って使うことが鉄則です。ひとつは「不快」な負荷はワンポイントに抑えることです。「不快」な刺激を取り入れると効果的だからといって、あまりにも強烈な「不快」を入れると、かえって聞き手の不快感（ストレス）が強まってしまい逆効果になります。

　2つ目はプラスのイメージで完結することです。

　あくまで不快は聞き手の注目を集める効果を狙って用いているのであり、プレゼンの真の目的を達成するために必ずしも必要ではありません。ですから、最初にマイナス（「不快」）を与えたら、最後には必ずプラス（「快」）で終わらせるようにしてください。そうすることで、聞き手には後者のプラス（「快」）の気持ちが、前者のマイナス（「不快」）なしに提示された場合よりも強く感じられるようになります（これを「対比効果」と言います）。

参考文献

『実践行動経済学：健康、富、幸福への聡明な選択』リチャード・セイラー , キャス・サンスティーン著、遠藤真美訳（日経BP社、2009年）

『よくわかるデザイン心理学：人間の行動・心理を考慮した一歩進んだデザインへのヒント』BB STONEデザイン心理学研究所著（日刊工業新聞社、2020年）

『エモーショナル・デザイン：微笑を誘うモノたちのために』ドナルド・A・ノーマン著、岡本明ほか訳（新曜社、2004年）

Miller, G. A. (1956). The magical number seven, plus or minus two: Some limits on our capacity for processing information. Psychological Review, 63(2), 81–97.

『ブレイン・ルール：健康な脳が最強の資産である』ジョン・メディナ著、野中香方子訳（東洋経済新報社、2020年）

Paivio, A (1986). Mental representations: a dual coding approach. Oxford. England: Oxford University Press.

著者紹介

日比野治雄 （ひびの・はるお）

1956年生まれ。東京都出身。東京大学文学部心理学科卒、カナダ・ヨーク大学大学院修了（Ph. D.）。2022年千葉大学名誉教授。心理学の視点から科学的根拠に基づいたデザインを目指す“デザイン心理学”の領域を開拓したパイオニア。日本で唯一のデザイン心理学研究室を主宰する。デザイン心理学の企業活動への応用を目的に、2009年に株式会社BB STONEデザイン心理学研究所を設立し、現在は技術顧問を務める。1993年日本心理学会研究奨励賞、2006年第47回科学技術映像祭・文部科学大臣賞、2013年国際ユニヴァーサルデザイン協議会IAUDアウォード（プロダクトデザイン部門）、2014年日本パッケージングコンテスト「医薬品・医療用具包装部門賞」など受賞多数。2021年には視覚的ストレスが少ないノート「ほぼ日ノオト」の罫線［2022年 Red Dot Award（世界3大デザイン賞のひとつ）受賞、ノート罫線として初めて特許を取得］を設計するなどプロダクト開発にも携わる。著書は『よくわかるデザイン心理学』（日刊工業新聞社）他多数。現在も“デザイン心理学”の教育・普及活動に励んでいる。

世界最先端のデザイン心理学に基づく

センス0からの資料作成術　　　　〈検印省略〉

2024年 10 月 23 日　第 1 刷発行

著　　者——日比野 治雄 （ひびの・はるお）
発 行 者——田賀井 弘毅

発行所——株式会社あさ出版
〒171-0022　東京都豊島区南池袋 2-9-9 第一池袋ホワイトビル 6F
電　話　03 (3983) 3225 (販売)
　　　　03 (3983) 3227 (編集)
F A X　03 (3983) 3226
U R L　http://www.asa21.com/
E-mail　info@asa21.com
印刷・製本　(有) ワーク商業印刷

note　　　http://note.com/asapublishing/
facebook　http://www.facebook.com/asapublishing
X　　　　http://twitter.com/asapublishing